Wilma Wiegmann

Für
"Die liebe Lotte"

30. Juni 95

W. Wiegmann

Wilma Wiegmann in ihrem Atelier

Wilma Wiegmann

Dem Leben Farbe geben

Gemälde
Aquarelle
Zeichnungen

Verlag Hans-Peter Kock

Das Prinzip Klarheit

Die Bilderwelt der Wilma Wiegmann

Ein Haus voller Bilder, von der Diele bis zum Dach. Ein Haus wie aus Bildern gebaut. Die Werkstoffe der Phantasie bilden sein Gerüst. Ein Domizil voller Farben und flutenden Lichts, das die Bilder widerspiegeln. Hunderte von Leinwänden mögen es sein, in jedem Winkel tauchen neue auf und zu jeder besteht eine Beziehung, ein Netz aus Visionen und Wirklichkeiten. Jedes Bild hat seine Geschichte, jedes erzählt eine Geschichte. Das Haus an der Rohrteichstraße 56 in Bielefeld ist eine Fundgrube. Daß im Obergeschoß noch Platz für eine Schlafstätte bleibt, mutet wie ein Wunder an. Ein Haus lädt ein, „das von der Fröhlichkeit seiner Besitzerin lebt".

Wilma Wiegmann wohnt mitten in der Stadt. Ihr kleiner Garten hinter dem Anwesen verknüpft die Natur eng mit dem Wohnsitz. Er stellt sich ebenfalls als Kunstwerk dar. Ein Birnbaum ragt aus dem Idyll hervor. Als er einmal zu vertrocknen und abzusterben drohte, verzichtete die Gärtnerin auf die Säge und entschied: „Du bleibst". Sie weiß: „Bäume verstehen uns". Der also Angesprochene dankte es ihr und eines Tages trug er wieder Früchte. Eine Clematis hat sich bis zur Spitze emporgerankt, eine lebendige Plastik.

Wilma Wiegmann verkörpert im besten Sinne des Wortes Kunst. In ihrem Werk steht das Prinzip Klarheit obenan, man könnte es auch als die Richtschnur Ordnung bezeichnen. Ihre Bilderwelt ist davon geprägt, obwohl die Fülle aus dem Rahmen fällt und Pedanterie tabu ist. Ihre Malerei befindet sich trotz aller Überraschungen durch die Wahl der Mittel und Motive im Gleichgewicht. Ihr liegt es fern, den Neowilden nachzueifern, auf die Berserker-Art die Werbetrommel zu rühren. Sie liebt die leisen, zarten Klänge und sie mag das Schöne. Aber sie schätzt dazu die kraftvolle, expressive Gebärde. Doch auch hier wird künstlerische Disziplin geübt.

Wer das Haus betritt, und sei es an Werktagen, sieht sich bald festlich gestimmt. Er wird an das zu Beginn der Moderne formulierte Wort vom „Fest für die Augen" erinnert, an die französischen Impressionisten oder an Henri Matisse, den Wilma Wiegmann besonders verehrt. Ihr Wunsch an die eigene Adresse und an das Publikum ist, „daß man die Augen aufknöpft".

Ihr Oeuvre lebt vom Licht. Es rieselt in glitzernden Kaskaden über ihre Blumenstücke. Lichtgewitter krönen ihre kühnen Großstadtansichten, aber sie peinigen den Betrachter nicht, sondern öffnen visuelle Räume, deren Helligkeit die gigantischen technischen Architekturen in eine versöhnliche Aura taucht. Es ist eine Spur von Zuversicht dabei, selbst angesichts stürzender Perspektiven. Man kann sich in diesen Labyrinthen der Zivilisation verirren, aber nicht verlieren. Der Faden der Ariadne führt stets zum Ursprung zurück.

1. Frühling - Licht - Farbe, Acryl, 100 x 100 cm

Gerade die Porträts von Megastädten an der amerikanischen Ostküste strotzen vor blendendem Lichterspiel. Der Titel eines Werkes von 1987, das New York zum Vorbild hat, ist programmatisch: „Die helle Halle". Andere Stichworte wie „Metropolis", „Grand Central Station" oder „Glastower" fügen sich in ein kompositorisches Konzept, das dem Moloch City seine feindseligen Züge nimmt. Einige Arbeiten scheinen darauf zu warten, in Breitwand-Glasfenster umgesetzt zu werden. Mit Mosaiken hat ja nicht von ungefähr ihre Laufbahn begonnen, und ihr schweben jetzt, da der Zeiger ihrer schöpferischen Uhr im Zenit steht, farbenglühende gläserne Gebilde vor, wie sie neuzeitlichen Kathedralen ihr Gesicht geben könnten.

Es warten noch manche Aufgaben auf die Künstlerin. In einem Alter, in dem sich das Gros ihrer Generation dem Verzehr der Rente hinzugeben pflegt, geht sie Wagnisse ein, stellt sich Herausforderungen, visiert neue Ziele an. Und sie gesteht mit bemerkenswerter Unbekümmertheit, freilich mit einem winzigen selbstironischen Augenzwinkern: „Ich arbeite wie ein Weltmeister, meine Bilder werden immer größer."

Dabei hatte sie mit kleinen Formaten angefangen. Die Schülerin von Professor Otto Kraft an der ehemaligen Bielefelder Werkkunstschule unterhalb der Sparrenburg studierte zunächst dort freie Grafik. Kühle und allzustrenge Vorgaben indessen waren nicht ihr Metier, die spontane, sprühende Äußerung zog sie mehr in ihren Bann. Bald testete sie ihre Talente an der Gestaltung von Keramiken. Kacheln und Kreationen in Mosaiktechnik in Gebäuden der Stadt am Teutoburger Wald künden noch heute von dieser frühen Phase, die auch Porzellanmalerei einschloß. Wilma Wiegmann wollte mehr. Jenseits lokaler Grenzen, unter anderem in der weltoffenen Kunststadt Wien, bildete sie sich autodidaktisch in der Malerei weiter aus. Ihr widmete sie dann Jahrzehnte später, ab Mitte der 60er Jahre, nach dem Tod ihres Mannes, in Bielefeld ihr zweites Leben. Es wurde eine große Passion.

Sie blieb es bis heute. Die Künstlerin ist ein Beispiel jenes modernen, vitalen Frauentyps, für den neben dem ruhenden Pol der Familie die selbständige Arbeit einen hohen Stellenwert hat. Ihre beiden Kinder und vier Enkel leben in den USA. Regelmäßig kreuzt sie als Flugzeugpassagier über den Atlantik nach Westen. Solche familiären Besuche mit dem Charakter von Studienabstechern haben die Skala ihrer motivierenden Blickpunkte um die Dimension der in das 20. Jahrhundert fundamental eingebrochenen Technik erweitert.

Eine Frucht der Visiten sind nicht zuletzt aquarellierte herbe Landschaften wie etwa des Adirondack-Gebirges im nördlichen Teil des Staates New York. Materialien und ihre Möglichkeiten zu erproben, sind ein ständiger Anreiz für die Malerin, ein willkommenes Experimentierfeld. Immer wieder greift sie zu Aquarellfarben, deren flüchtige Substanz zu schnellem Arbeiten zwingt. Aus diesem Grunde meidet sie auch Radierungen, ein Raster, das ihr zu langweilig erscheint. Kreative Kurzweil verschaffen Ölkreiden, wie Skizzen von unterwegs belegen.

2. Tulpen, Acryl, 110 x 120 cm

Der Stoff Acryl, aus dem vorzugsweise ihre Farbträume sind, vermittelt mit seinen harzigen Effekten die Sicht auf bizarre Einöden, auf schweigsame Canyons, die verlassene Sierra, die zyklopischen Reste von Inkafestungen, auf die Runen der Erdkruste mit ihren aschfarbenen Verwerfungen am sinnfälligsten. Ihr Werk umschließt die bildnerische Beute von Reisen in alle Welt, von Fahrten nach Italien, Griechenland, Spanien, nach Marokko, Ägypten und Israel, nach Großbritannien, Schottland und Skandinavien bis hin zu den Lofoten, wo das Abendland verschwimmt. Weitere Stationen waren Mittel- und Lateinamerika, eine stattliche Sammlung vielfältiger Eindrücke bereicherte das Reisegepäck. Besonders bewegend Bilder aus Mexiko, wo dem Betrachter die Rückenansicht der Einwohner nicht nur eine fremde Welt weist, sondern auch die Last nicht abgetragener sozialer Hypotheken vor Augen rückt.

Der Anblick todtrauriger Larven im Morgengrauen nach einer venezianischen Karnevalsnacht, das „Tedeum" mit seinem Mirakel in der Geborgenheit des Paderborner Domes, der künstliche Heiligenschein über den Wolkenkratzerzentren, das Flamenco-Feuer einer Fiesta in Andalusien oder das demütige, puppenhafte Antlitz einer Madonna im Pomp der Prozession – eine Art von Welttheater tut sich auf. Der Zuschauer fühlt sich von der Magie dieser Bilderwelt unmittelbar berührt.

Wilma Wiegmanns Blumengebinde sind eine Manifestation der Anmut. Die Stille eines Beetes mit Bündeln von Tulpenkelchen oder die stolze Parade blühender Ritterspornstauden bilden einen Kosmos, der in sich ruht. Rot und Blau sind bevorzugte Farben. Das schnelltrocknende Acryl entspricht ihrem Temperament am ehesten, diese Technik kommt ihrem Hang zum zügigen Arbeiten entgegen, der Malprozeß wird beschleunigt, ohne in Fließbandhektik auszuarten. Ihr Geheimrezept für dieses Sujet: „Ich male die Blumen beinahe nur vom Duft her."

Aus der Inspiration von Nuancen wächst die Komposition. Wichtige Voraussetzung dazu bieten weniger die prallgefüllten Skizzenbücher als vielmehr ein „fotografisches Gedächtnis", über das Wilma Wiegmann offensichtlich verfügt. Phantasie allein tut's nicht, es bedarf zusätzlich eines hohen Maßes an künstlerischer Zucht.

Dabei schämt sich die Malerin nicht ihrer Zweifel, sie stellt sich selbst immer wieder infrage – das verleiht ihrer Arbeit eine fördernde Spannung. Und vor einer Vernissage plagt sie „Herzklabastern" – die bange und auch hilfreiche Ungewißheit, ob das Ergebnis ihren eigenen Ansprüchen genügt.

Wegen ihrer Neigung zum Perfektionismus braucht ein Bild mitunter Wochen, Monate oder Jahre. Immer wieder wird es nach Pausen, in denen andere Leinwände ihre Favoriten sind, überarbeitet. Im Vorgang des Malens kristallisiert sich erst die künftige Bildstruktur heraus. So fügt sich Schicht auf Schicht in einer Folge von Farbstufen, die „alles lebendig machen". Die gewählte Form der Annäherung

3. Frühlingsboten, Aquarell, 36 x 48 cm

bewahrt sie schließlich vor der Versuchung, der manche Kunstmacher erliegen – nämlich des Kaisers neue (Schein-)Kleider zu konterfeien.

Vielseitigkeit macht ein Geheimnis ihres Erfolges aus. Und es mutet geradezu grotesk an, wenn eine auswärtige Künstlervereinigung ihr einmal die Empfehlung glaubte erteilen zu müssen, nicht so vielseitig zu wirken. Das Ausloten der eigenen Persönlichkeit, die Probe aufs Exempel ihrer Fähigkeiten zu machen, schürt dabei jene pulsierende Aktivität, die ihrem Werk ein Leuchten in vielen Facetten verleiht.

Einem bestimmten Stil oder „Ismus" will sie nicht huldigen, sich auf keinen Fall festlegen und festlegen lassen. Sie verschmäht Schablonen, das Malen beflügelt sie. Beim Anblick der Säulen von Karnak unter dem gleißenden Gewölbe des ägyptischen Himmels geht es ihr etwa so: „Man gerät in Rage, vergißt die Gegenwart." Ihre Impressionen vom Nil sind der heimischen Staffelei teilweise mit einem Hauch von Goldpulver anvertraut, das sich zu Blau, Schwarz und Dunkelrot gesellt. Die Pyramiden werfen schimmernde Schatten.

Nicht einzurasten und zu rosten ist ein Grundsatz ihres Lebensplanes, der sie in Atem hält. In ihrem hohen Alter fühlt sich die Künstlerin um Jahrzehnte jünger. Das hat beileibe nichts mit Koketterie zu tun. Sie ist hellwach. Im Dialog mutet sie dem jüngeren Gegenüber eine Menge Aufmerksamkeit zu. Sie stellt Anforderungen an sich und erwartet von anderen gleiches. Ihr Patent ist eine bejahende Einstellung zum Dasein. Und dann Malen, immer wieder Malen. Die Kunst überrundet auf der Bühne dieser Maxime sogar die reale Zeit, wenigstens für Augenblicke: „Jeder Tag ist ein Geschenk."

Folgerichtig nimmt sie als Nachbarin der Natur mit ihrer Gartenpracht die bildnerischen Beschwörungen von Blumen wieder auf – nicht dem äußeren Abbild pflanzlicher Existenz, sondern dem Kern, den innewohnenden Gesetzen ihrer Entfaltung verpflichtet. Einen solchen Schritt über die Schwelle des Gegenständlichen hinaus wagte sie anno '93 im Jahr ihres 80. Geburtstages. Zum Vorschein kam ein Blumengebinde, das von den Klischees der Botanik weit entfernt ist, ein Farbkonzert abseits gängiger Konsumgepflogenheiten.

Seit 1985, als das erste große gegenstandslose Gemälde ihrer Karriere entstand, unternimmt sie von Zeit zu Zeit Expeditionen mit dem Ziel abstrahierender Malweisen und der Suche nach ungewohnten Perspektiven.

Dazu gehören Ansichten vom Starnberger See mit einem Hauch von gesetzten Segeln, in der Vorstellung später mit lyrischem Akzent prismatisch verwandelt. Dazu dürfte eine Großstadtmusik zählen, deren Notenschlüssel über die Materie einer Partitur hinausstreben in Bereiche, die noch verschlossen scheinen. Einerseits könnten auf Wilma Wiegmann die Worte des Theaterdirektors im Vorspiel zum „Faust" zutreffen:

4. Leuchtendes Dunkel – verhaltener Duft, Acryl, 100 x 110 cm

„Wer vieles bringt, wird manchem etwas bringen." Andererseits wagt sie sich mit Goethes unstetem Wanderer zwischen beiden Welten in nicht kartographierte Bezirke: „Zu neuen Ufern lockt ein neuer Tag." Und so steuert sie die Terra Nova der unbekannten künstlerischen Art an, wohl wissend um das Abenteuer eines solchen Kurses. Wilma Wiegmanns Freunde wünschen ihr, daß sie sich wie eh und je auf ihren untrüglichen Kompaß verlassen kann, der ihr hilft, das Orakel der Schöpfung auch in Zukunft bei günstiger Brise zu umrunden.

Die Vitalität, die Daseinskraft ihrer Landschaften und Blumengebilde ist Ausdruck jener Einheit alles Lebendigen, die eine Voraussetzung wirklicher Humanität ist. Mehrfach erscheinen Menschen, die dem Beobachter den Rücken zuwenden, ihn gewissermaßen in das Bild hineinziehen und auf einen Weg geleiten, der zugleich Geheimnis, unbewältigtes Erbe, Leiden und Glück verheißt. Wie beispielsweise „Der Prophet", eine großformatige Tafel vom Ende der 80er Jahre. Der Seher bewegt sich mit umfassender Gebärde auf eine Menschenmasse zu, vielleicht einer jener biblischen Zeugen, die „wehrhaft und wahrhaft" in einem waren.

Ihre Skizzenmappen aus Manhattan, der mexikanischen Szenerie, von den Basaren, den Straßen und Plätzen des Globus haben viele menschliche Halbschatten fixiert, Geschöpfe und Profile aus der Menge herausgehoben, darunter Bettler und anderes Strandgut der Gesellschaft. Ein Blatt wie „Verkrüppelt und blind" ist von solidarischer Aktualität. Ein den Dudelsack spielender „Punker" wurde 1987 mit wenigen Ölkreidestrichen vor der Anonymität bewahrt. Hier hat sich ein Mensch mit Menschen beschäftigt.

Das Mitglied im Berufsverband Bildender Künstler (BBK) hatte Ausstellungen im In- und Ausland. Berlin, Bremen, Essen, Frankfurt, Bielefeld und – New York sind einige Stationen ihres Präsentationsradius, der ihr die Stadt hinter der Freiheitsstatue als zweite Heimat erschlossen hat. Unter dem Motto „Kunst am Bau" kamen Realisationen in öffentlichen Bauwerken hinzu wie in der Eingangshalle des Telekom-Verwaltungsgebäudes in Frankfurt-Eschborn (durch Vermittlung der Bielefelder Samuelis Baumgarte Galerie). „Kommunikation" war hier das Thema.

Wilma Wiegmanns gleichnamiger Beitrag von 1992 hat raumgreifende Maße, und die Künstlerin notierte im Katalog: „TELE = fern, KOM = verbinden. Diese Wortinhalte sind Wegweiser für meine Arbeit gewesen. Auf der Fläche von 1,80 m Höhe und 9,00 m Breite gestaltete ich die abstrakte Großstadt. Brücken stehen als Symbol für Verbindung über große Räume. Die Farbe BLAU steht für Weite – Raum – unserer Planeten. GELB ist Licht. SCHWARZ ist Festigkeit – Stand – Statik. Das 'Bild im Bild' – nächtliche Stadt wird durch eine Spezialbeleuchtung zum Vorschein gebracht." Die Bilderwelt Wilma Wiegmanns strahlt Harmonie aus, signalisiert Frieden, kreist um eine Freiheit, die von innen kommt. Natürlich weiß ihre Schöpferin um das zerstörerische Potential der Gegenwart, um all die angestaute Aggressivität. Sie hat ein Ohr für die

5. Heißer Sommer, Acryl, 130 x 115 cm

unzähligen Atombomben, die im Hinterkopf von Zeitgenossen ticken, die Herz und Verstand im Schließfach deponiert haben. Doch ihre Antwort ist ein Gegenbild, die Ablehnung jeglicher Provokation, kein Flirt mit Dämonen, kein Tanz auf dem Vulkan. Sie glaubt trotzdem an Menschen. Begründung: „Menschen sind ein großes Glücksmoment. Verschönen soll gewiß nicht sein. Aber ich kann auch etwas aussagen, ohne in Schrecken zu schwelgen." Und für sie gilt unumstößlich: „Wenn wir alle die Zehn Gebote beherzigen würden, wäre die Erde in Einklang mit uns."

In einer Epoche, in der die These, alles sei Kunst, den Kunstbegriff erweitert und gleichzeitig den Qualitätsbegriff einschränkt, bleibt Wilma Wiegmann unentwegt auf ihrer Linie: Repräsentantin einer utopischen Kunst, in der die Ästhetik Rechtfertigung und Sinngebung des Lebendigen bleibt.

In großzügiger Handschrift hat Wilma Wiegmann einmal ihre Leitsätze bekräftigt: „Meine Bemühung: Immer neue Themen – neue Formen – Inhalte – positive Einstellung zum Leben – kein naives Verhalten zum Schönen. Primär ist die Erkenntnis: Wir müssen unsere Welt erhalten. Das ist eine Botschaft."
Sie legitimiert eine Welt, der ihre Bilder den würdigen Rahmen geben.

Martin Bodenstein

6. Mein Garten, Acryl, 130 x 135 cm

7. Iris, Acryl, 140 x 135 cm

8. Ein neues Lied in meiner Hand, Acryl, 130 x 110 cm

9. Abend in der Bucht, Acryl, 90 x 100 cm

10. Hoher Himmel, Acryl, 125 x 100 cm

11. Vereinte Kräfte, Acryl, 140 x 150 cm

12. Auf ungebahntem Wege, Acryl, 140 x 140 cm

13. Marokko, Tetuan,
    Acryl, 100 x 90 cm

14. Marrakesch,
    Acryl, 90 x 100 cm

15. Guatemala, Kirchgang, Acryl, 80 x 90 cm

16. Markt in Peru, Acryl, 100 x 110 cm

17. Indios in Neu Mexiko, Acryl, 160 x 160 cm

18. Venezianischer Karneval I, Acryl, 110 x 120 cm

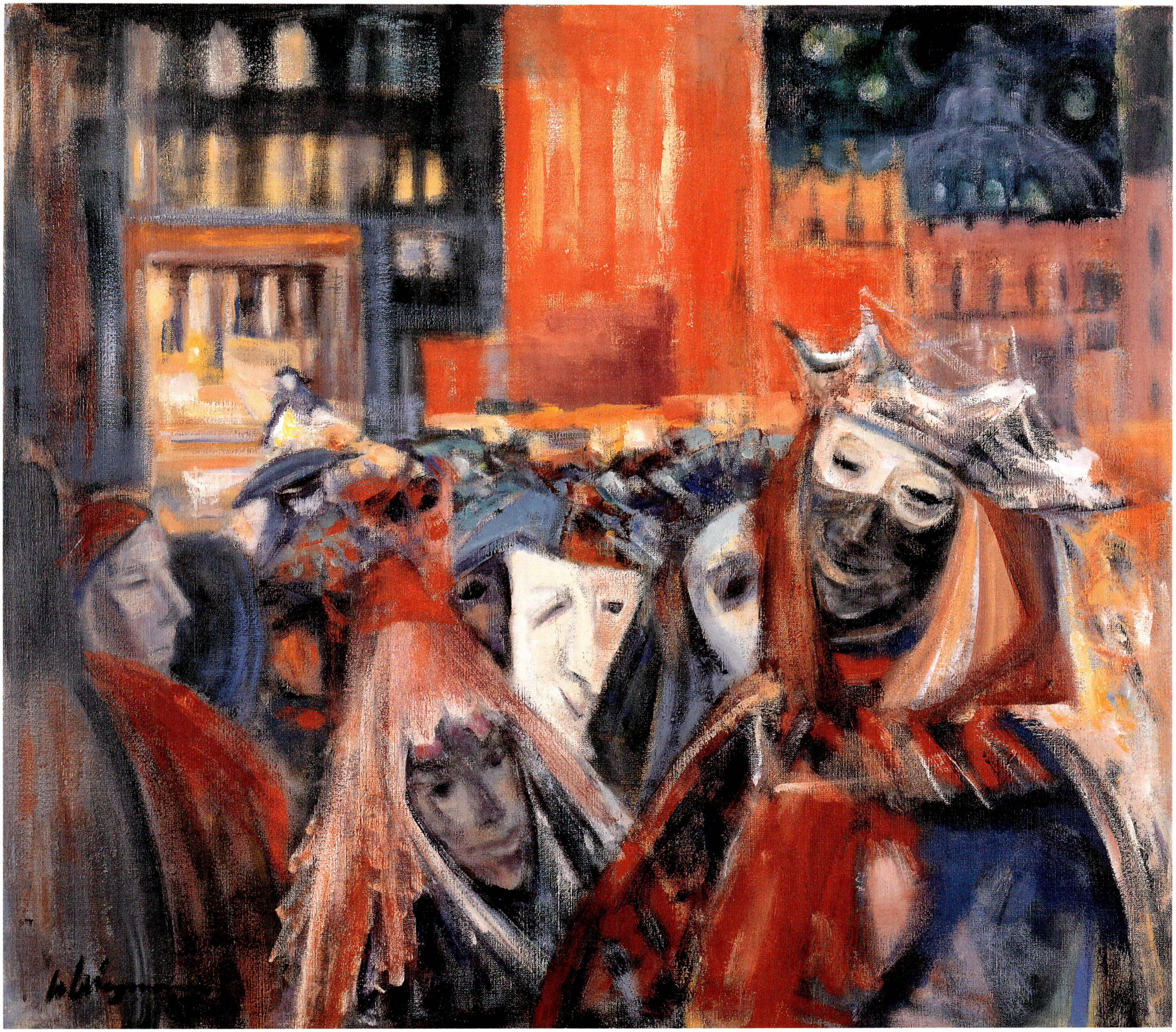

19. Venezianischer Karneval II, Acryl, 110 x 100 cm

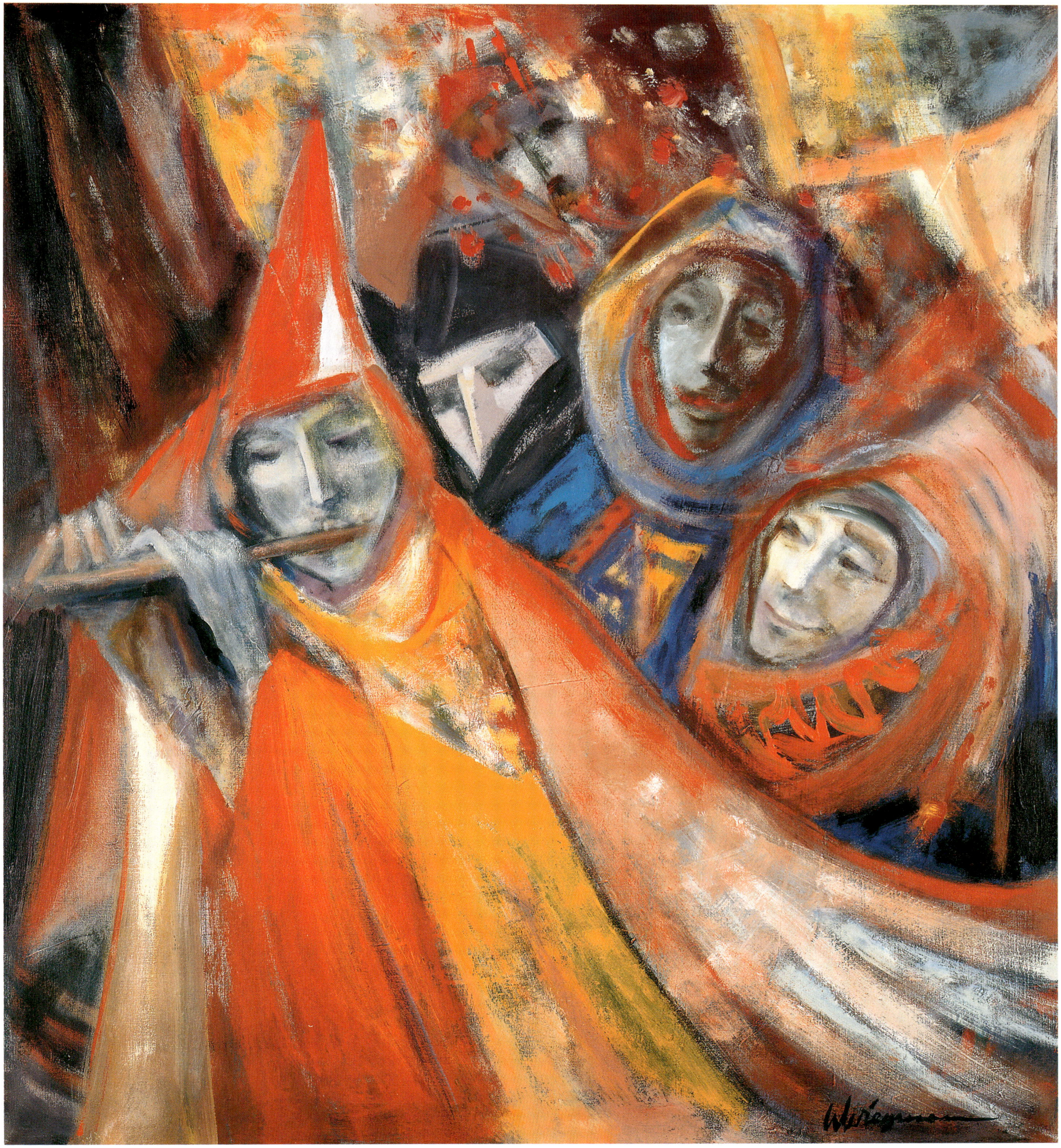

20. Auf dem Weg zum Markt, (Peru), Acryl, 70 x 100 cm

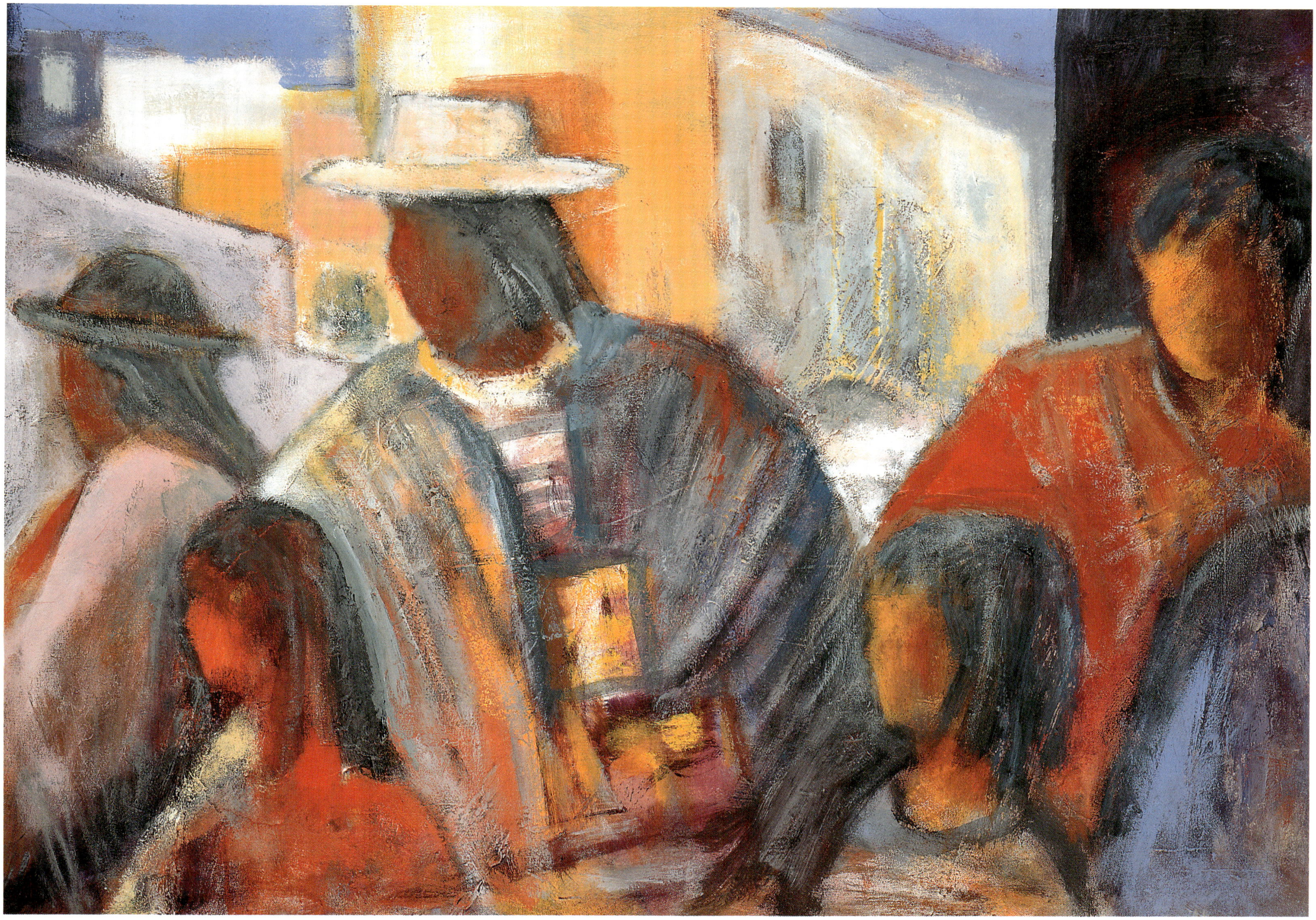

21. Feierlicher Gang, Acryl, 130 x 120 cm

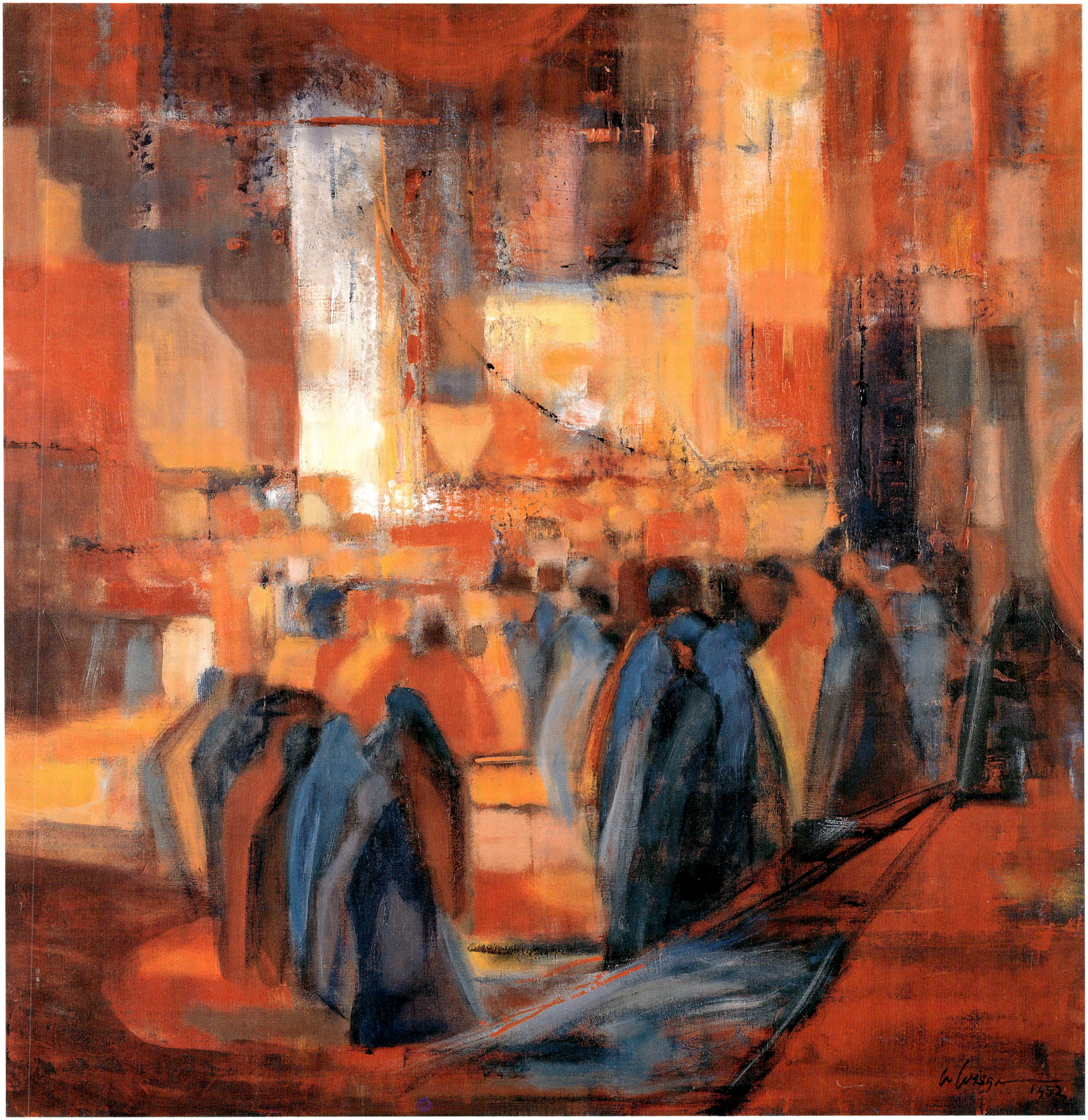

22. Die Finsternis hebt sich bei Aufgang der Sonne, Acryl, 100 x 110 cm

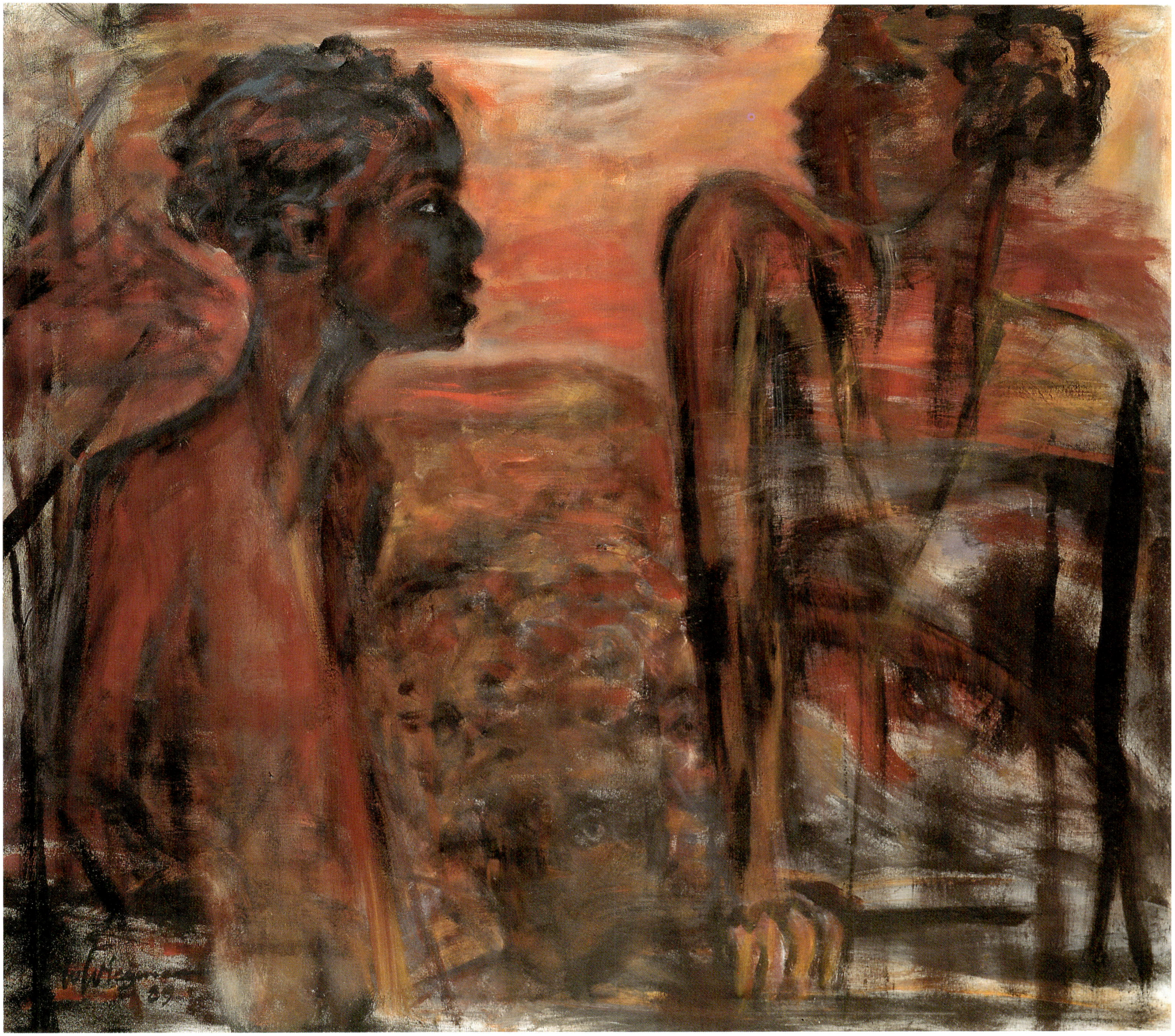

23. Zwiesprache, Acryl, 110 x 130 cm

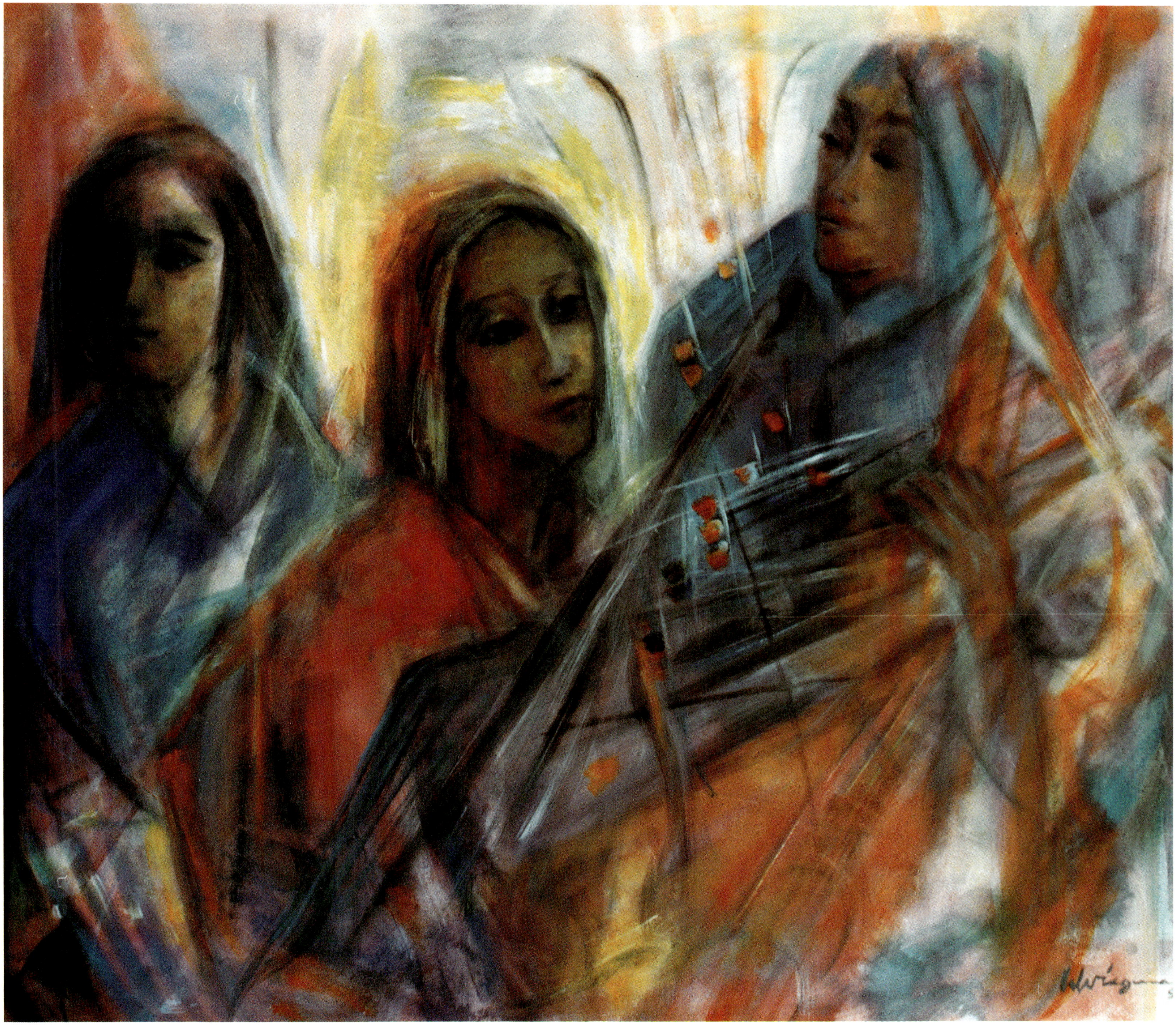

24. Nordlicht, Acryl, 140 x 120 cm

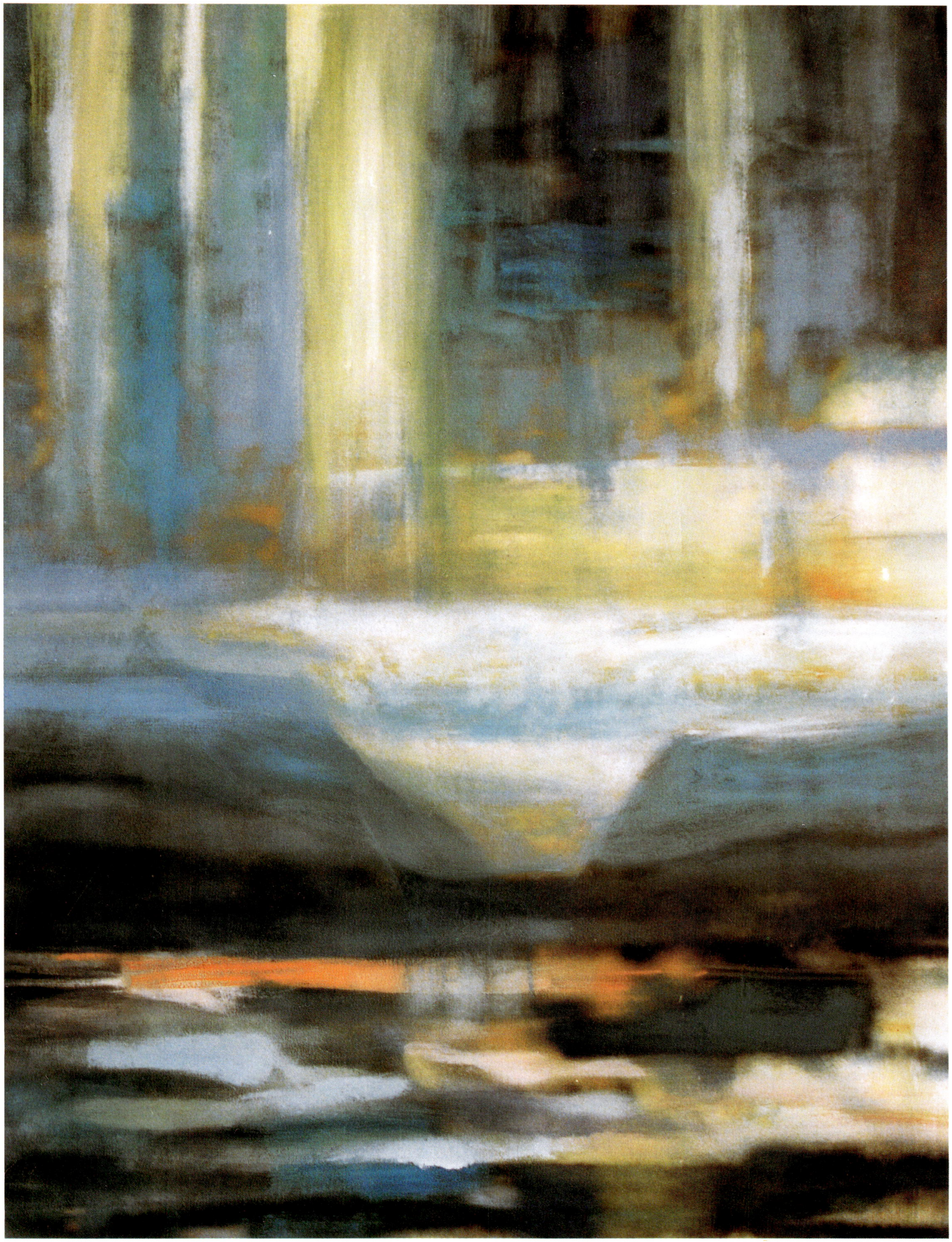

25. Warten auf die nächste Stunde, Acryl, 120 x 130 cm

26. Alle haben das gleiche Ziel, Acryl, 100 x 90 cm

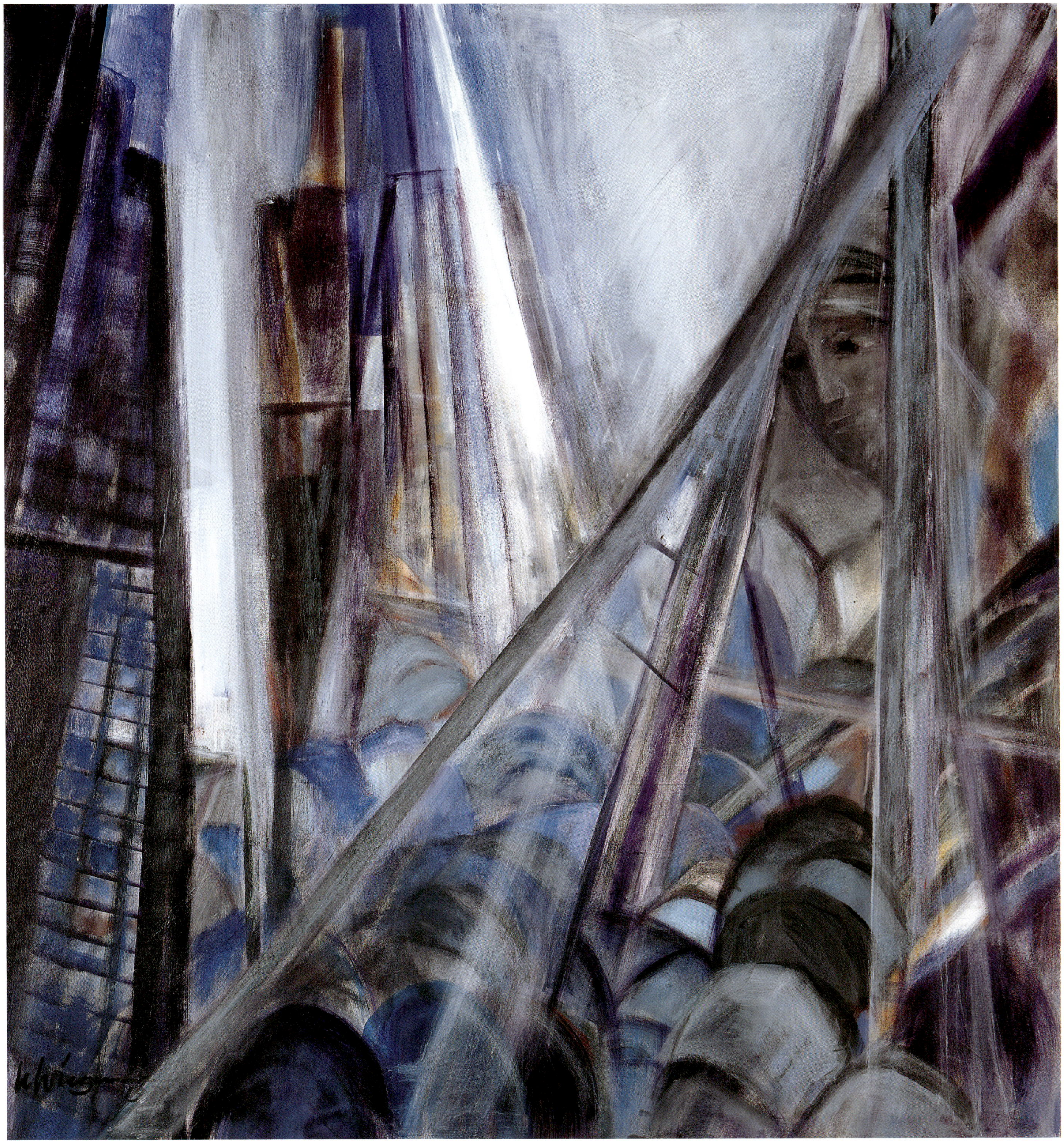

27. Formen aus Glas und Metall, Stufen aus Schatten und Licht, Acryl, 140 x 130 cm

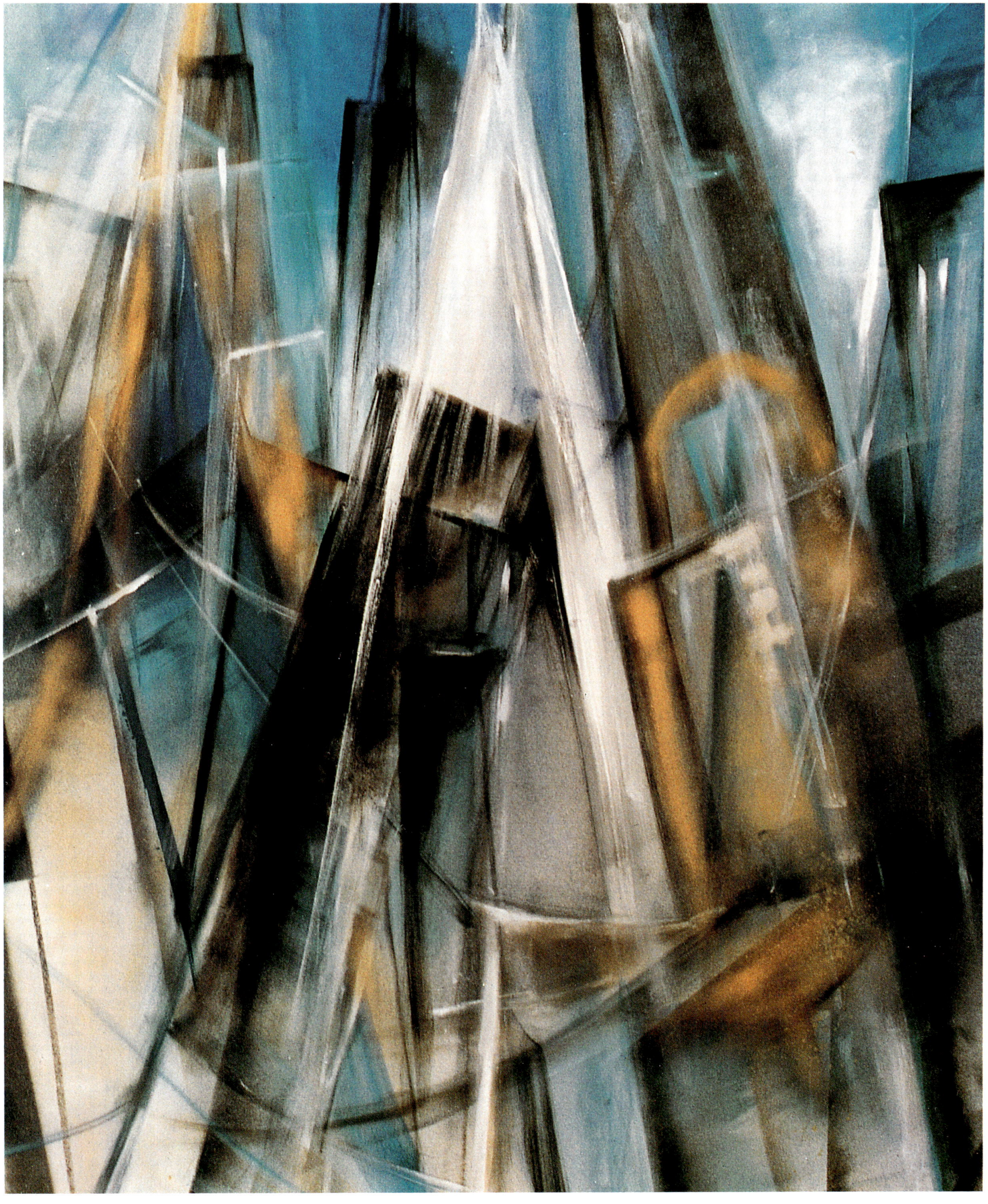

28. Kommunikation (Telekom), Acryl, 900 x 185 cm

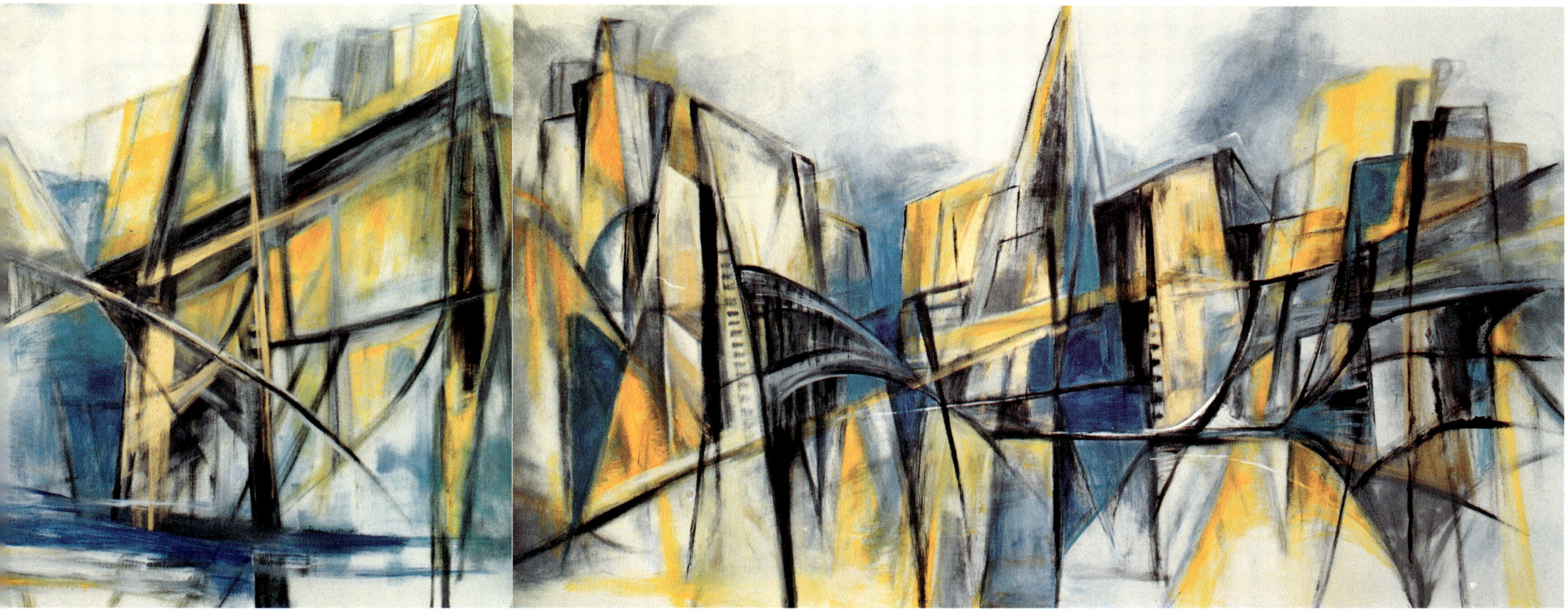

29. Manhattan, Acryl, 140 x 130 cm

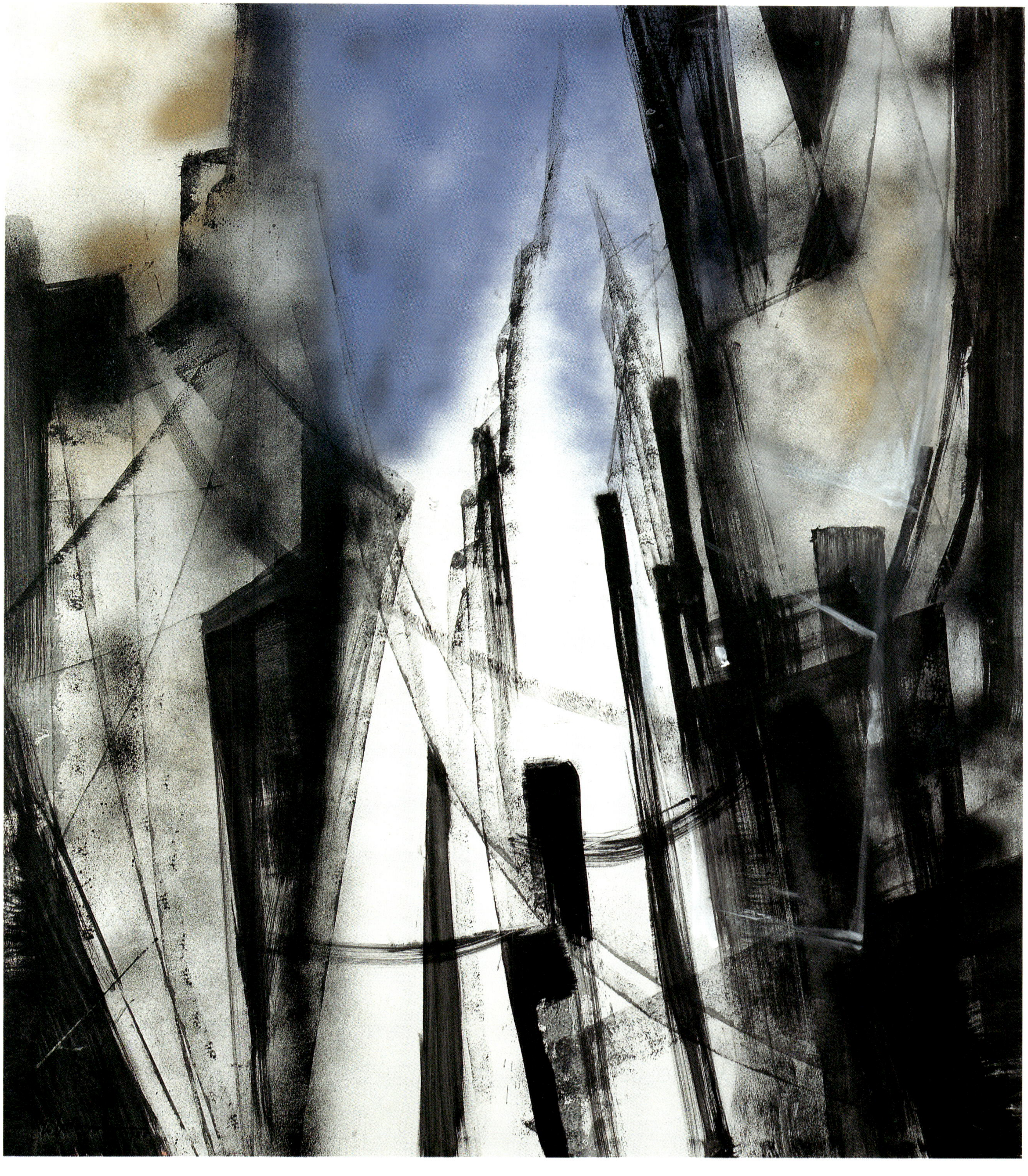

30. Die Schweigsamen sind von weitem gekommen, Acryl, 130 x 140 cm

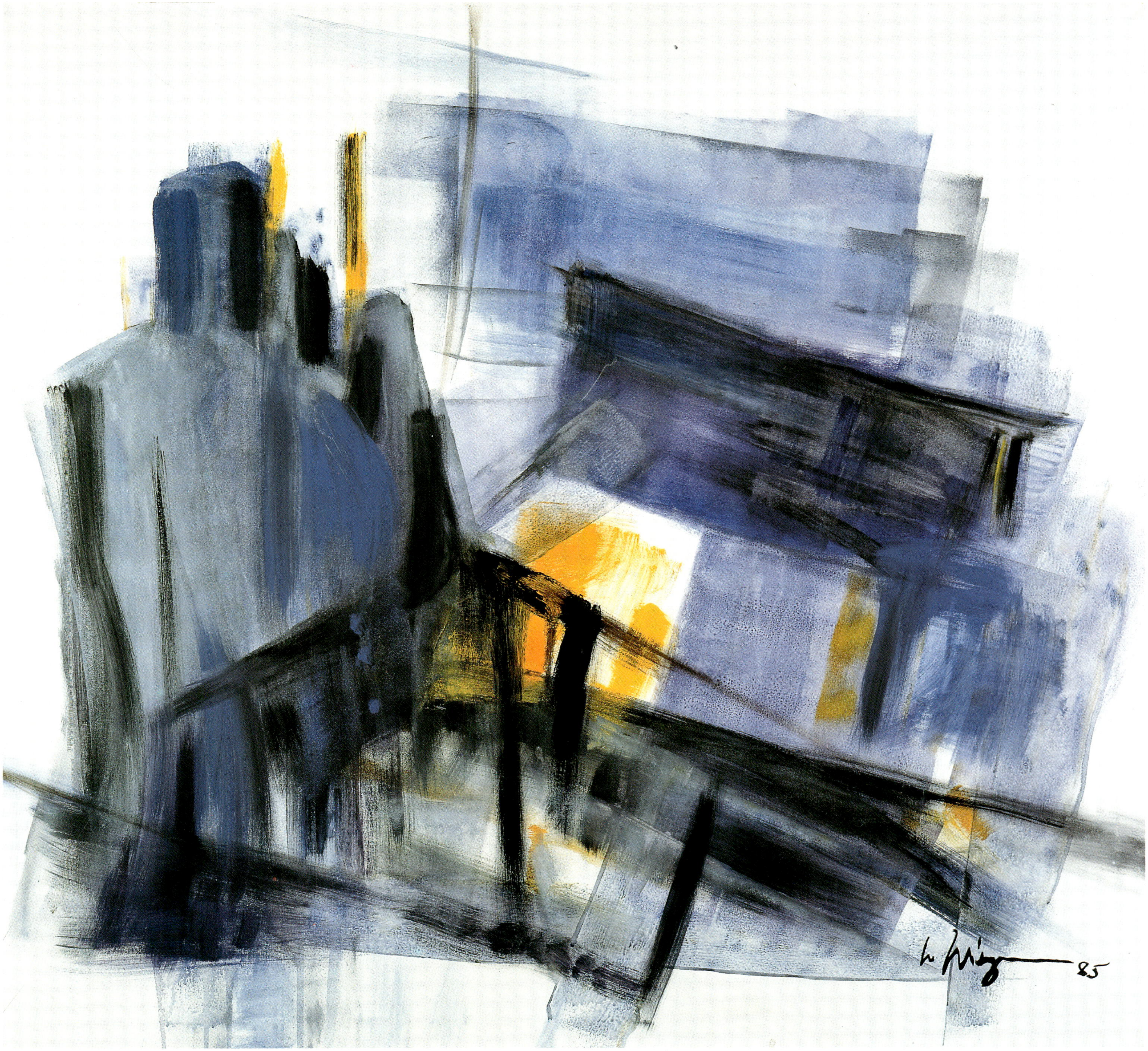

31. Großstadt, Tusche, 80 x 60 cm

32. Toronto, Tusche, 80 x 60 cm

33. City - Ende der Nacht, Acryl, 110 x 130 cm

34. Panorama im Morgenlicht, Acryl, 100 x 125 cm

35. Tanz der Kraniche, Acryl, 110 x 110 cm

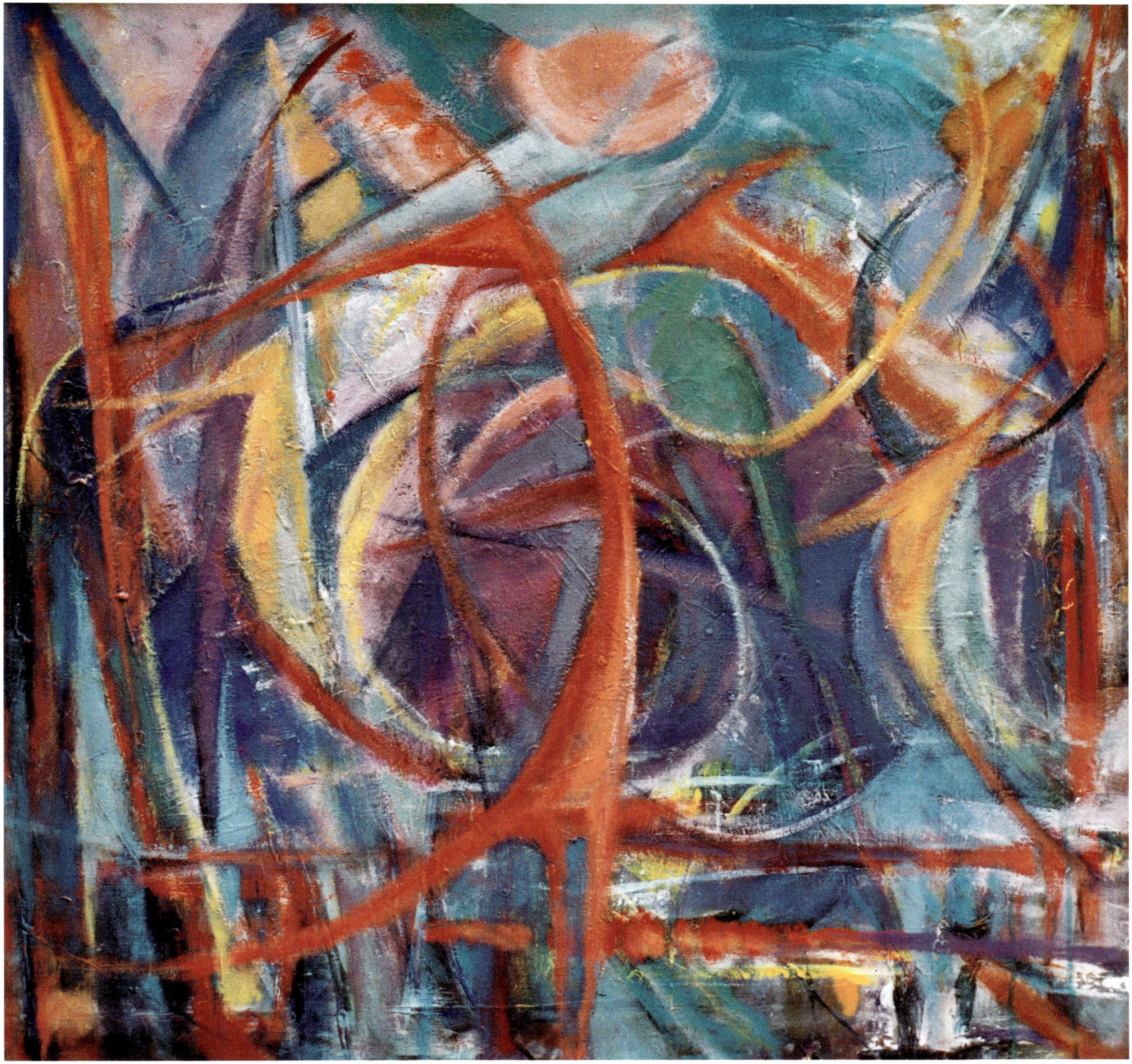

36. Gläserne Halle, Acryl, 140 x 135 cm

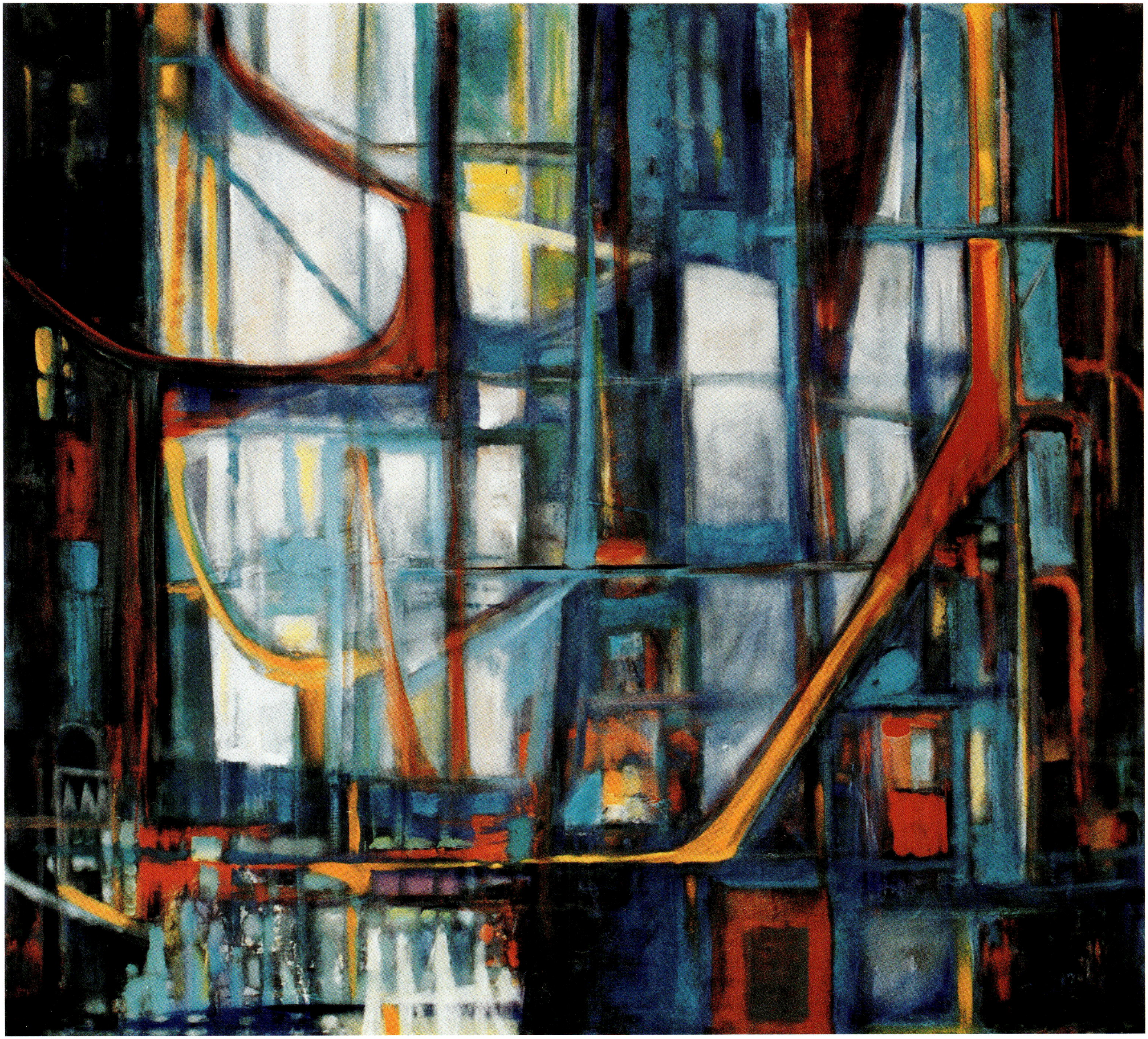

37. Entwurf für ein Glasfenster, Acryl, 30 x 50 cm

38. Gruppe, Acryl, 110 x 110 cm

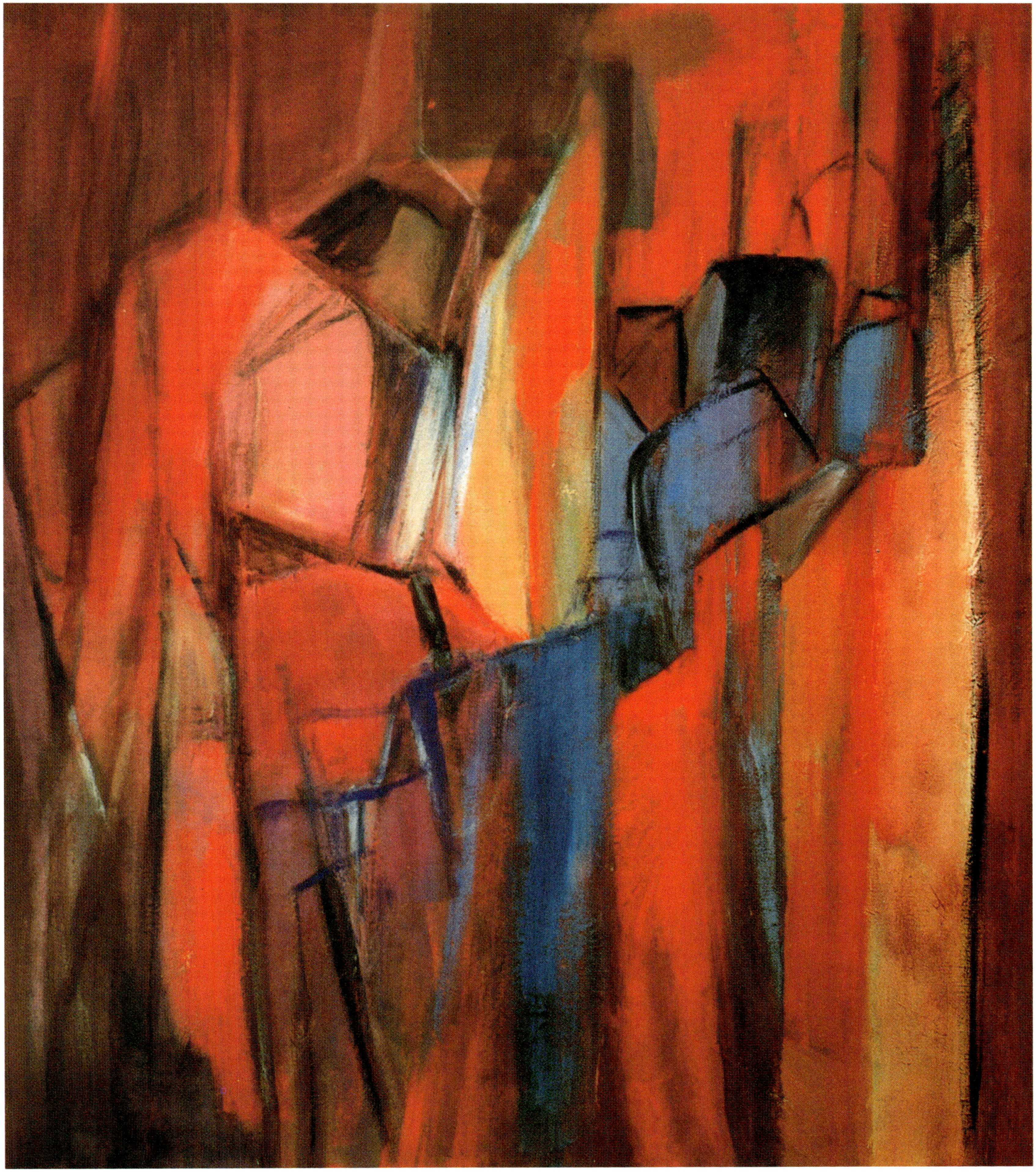

39. Zur heiteren Ruhe streben, Acryl, 130 x 140 cm

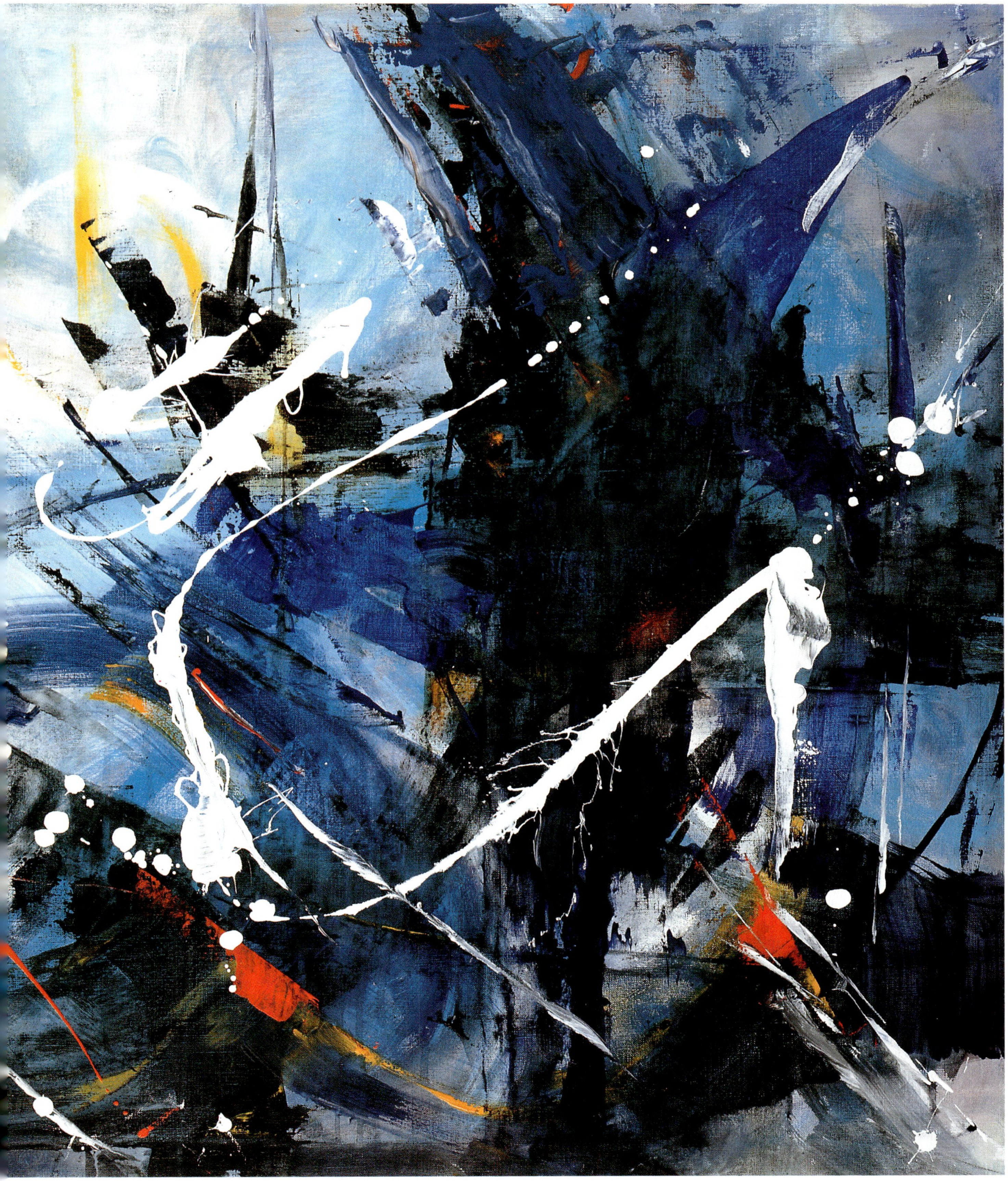

40. Lichtbahnen, Acryl, 100 x 125 cm

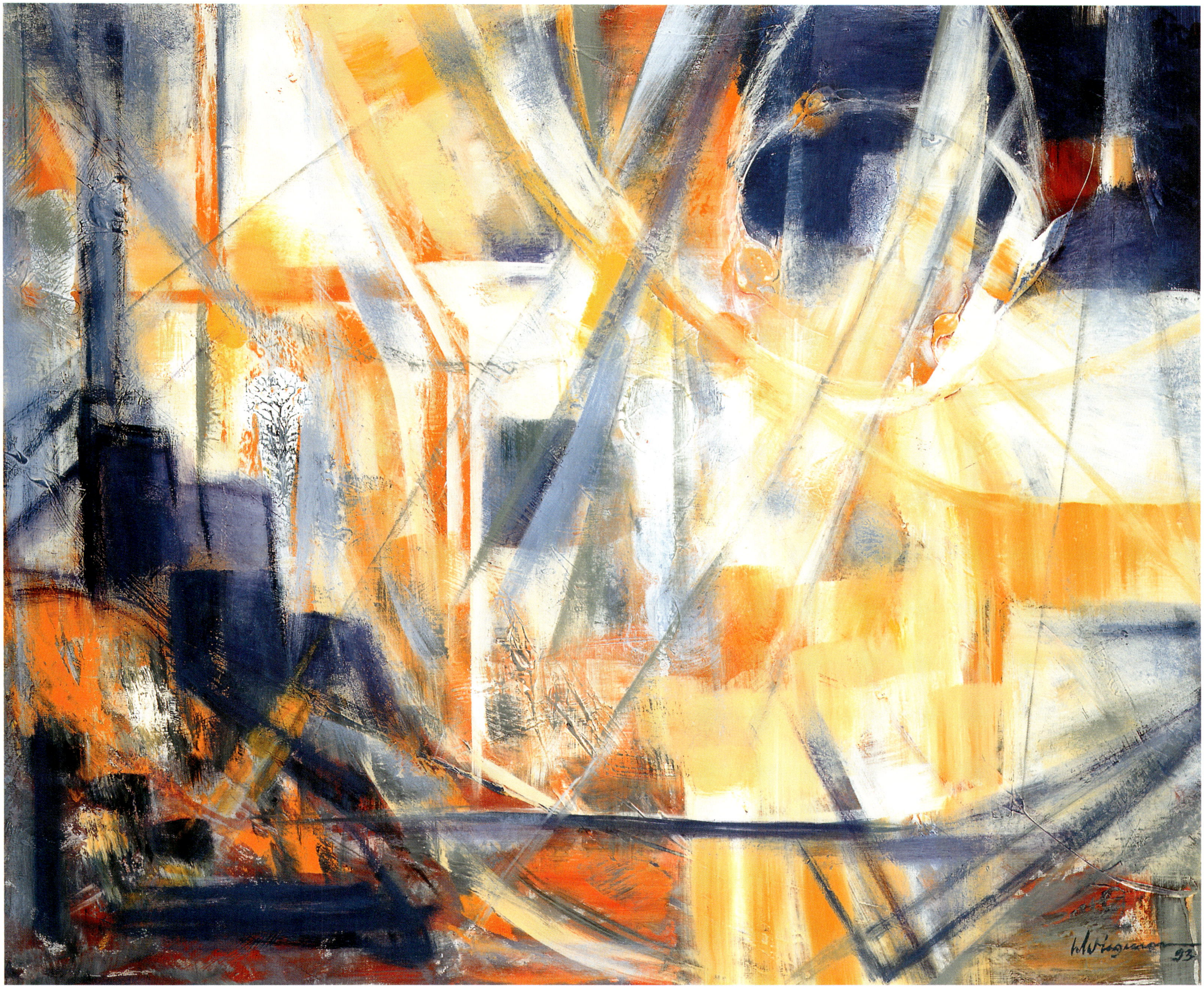

41. Morgenlied, Acryl, 140 x 135 cm

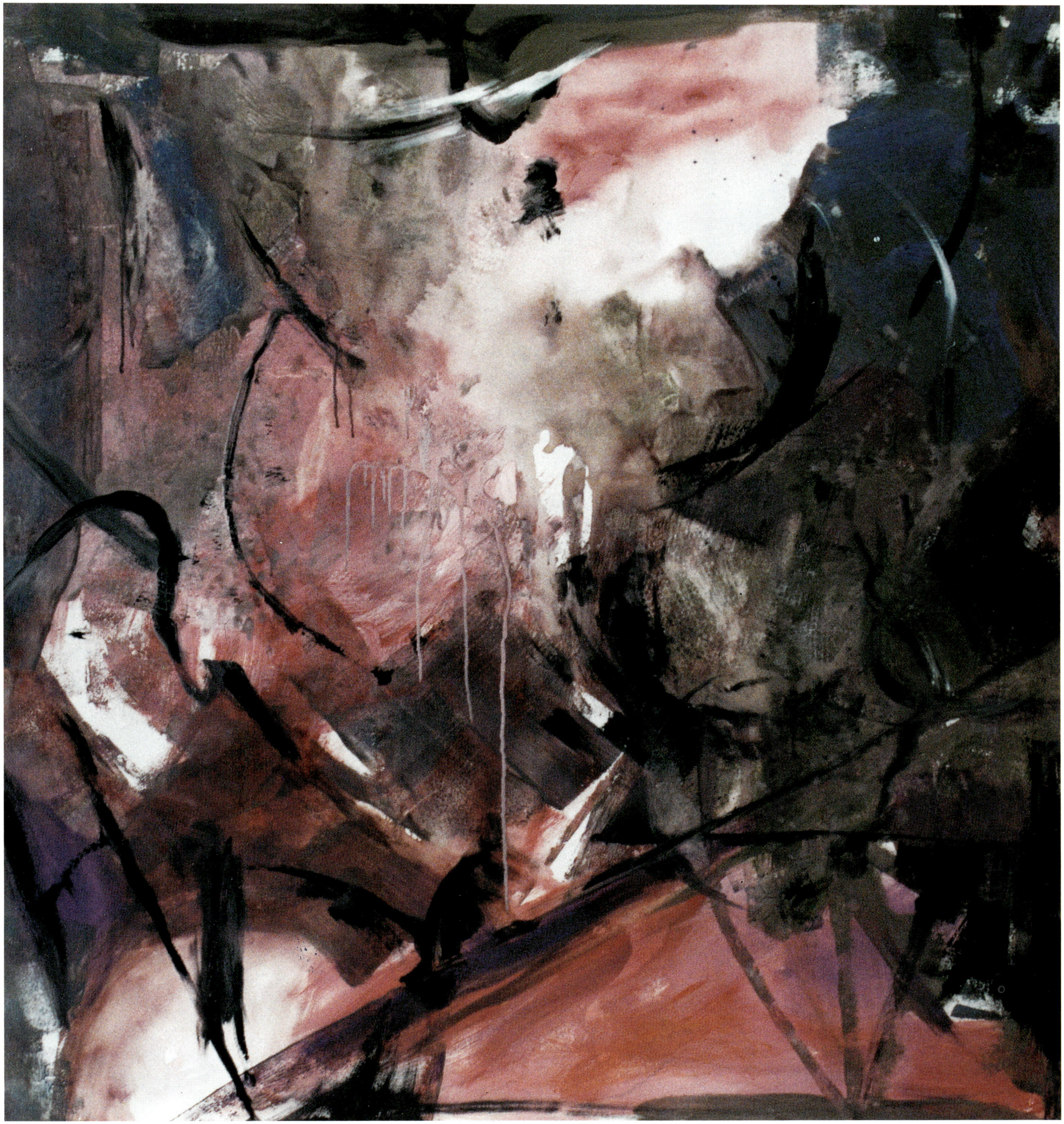

42. Bereit zum Aufbruch, Acryl, 140 x 140 cm

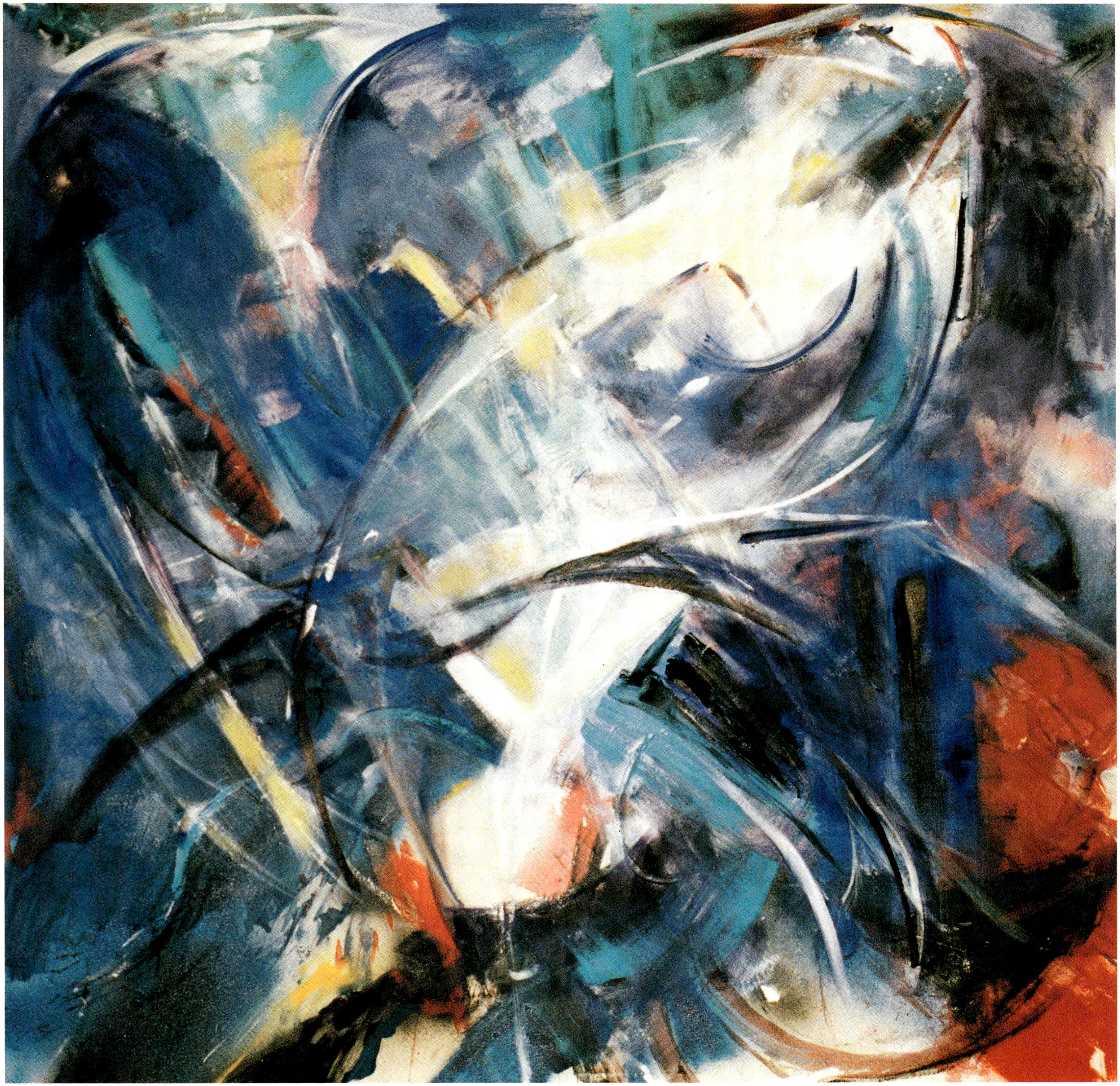

43. Dimensionen, Acryl, 140 x 140 cm

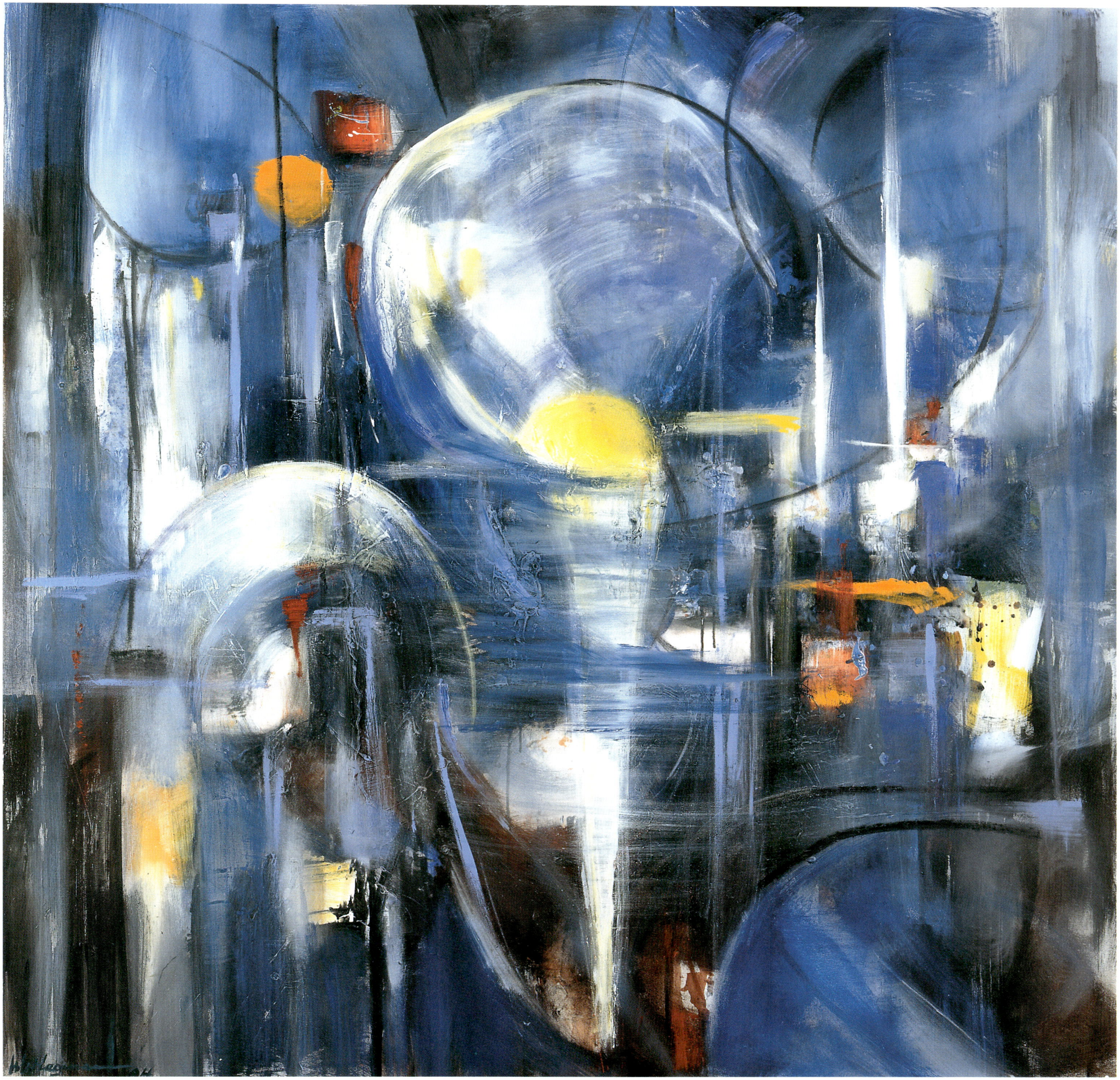

44. Licht in die Tiefe, Acyl, 120 x 105 cm

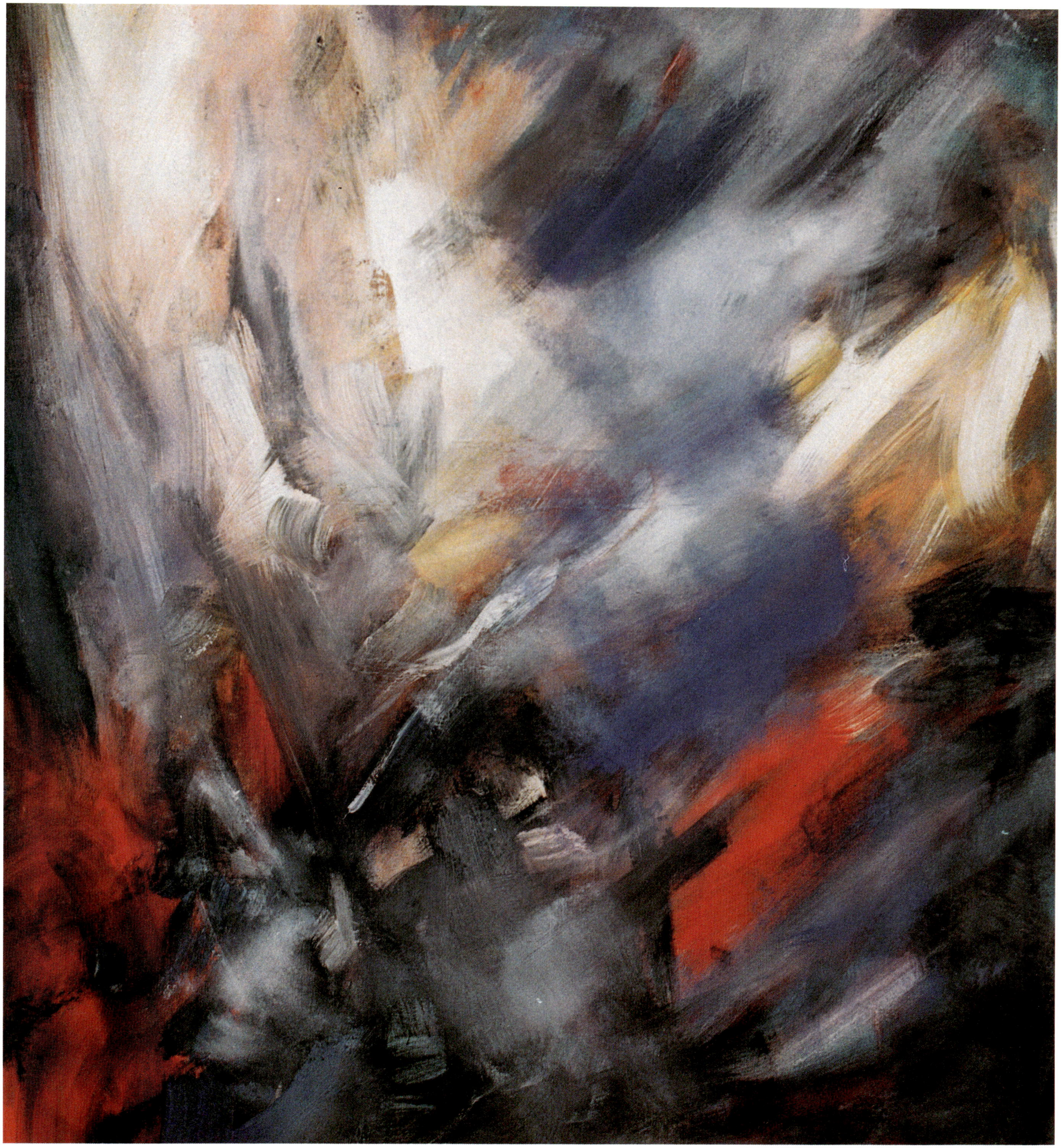

45. Elemente, Acryl, 130 x 135 cm

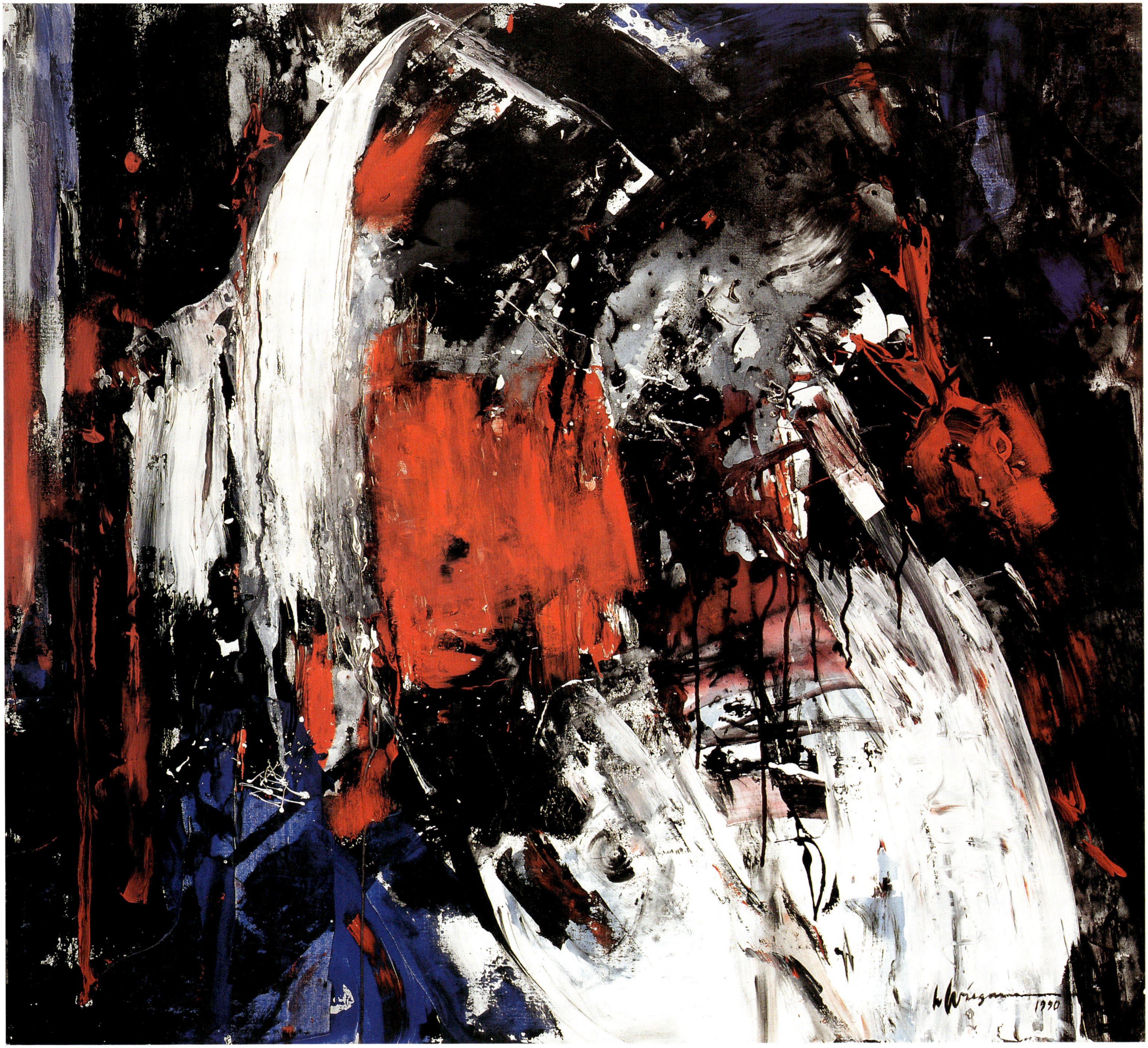

46. Mutter und Kind, Aquarell, 10 x 60 cm

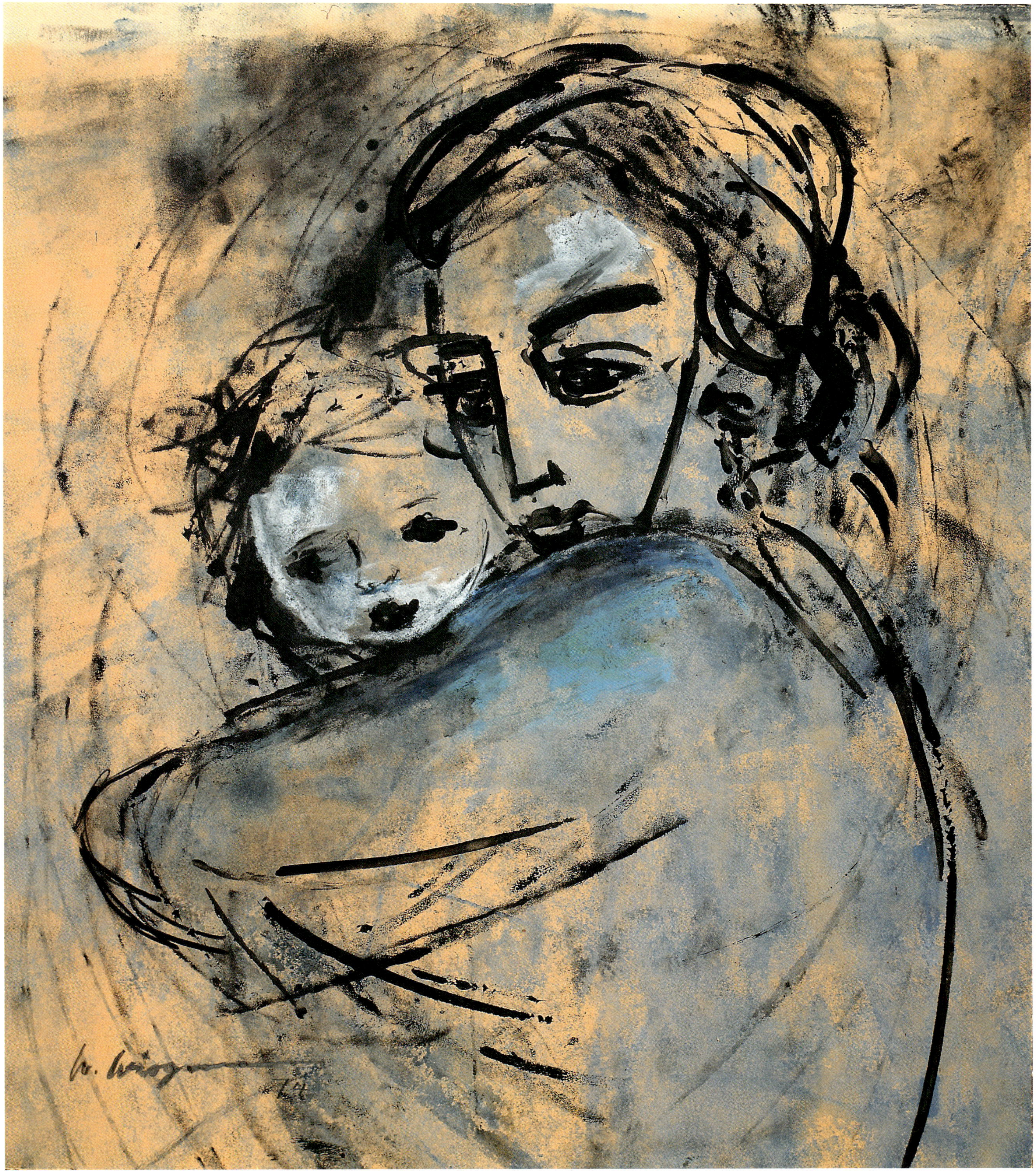

47. Junges Mädchen, Aquarell, 10 x 60 cm

48. Ungarische Zigeunerinnen, Aquarell, 60 x 70 cm

49. Klagefrauen, Tusche, 30 x 40 cm

50. Quo Vadis, Acryl, 110 x 100 cm

51. Abstrakte Landschaft, Aquarell, 50 x 65 cm

Clarity of Vision

Wilma Wiegmann's World of Images

A house filled with paintings, from the entrance hall to the roof top. A house seemingly built with paintings. The building blocks of imagination give it structural form. A domicile of color and bright light reflected in the paintings. There may be hundreds of canvasses, new ones appearing in every corner, and for each one there seems to be a connection, a network of visions and realities. Each painting has its own history, each one tells a story. The house in Bielefeld at Rohrteichstrasse 56 is a treasure trove. It is almost miraculous that the top floor contains a place to sleep. This house which is alive with its owner's joyful spirit, invites you to enter.

Wilma Wiegmann lives in the middle of town. Her garden behind the property closely connects nature and living space. It presents itself as an art work in its own right. An ancient pear tree towers in an idyllic setting. Once when it threatened to die, its owner decided against the ax and determined: "You are staying." She knows: "Trees understand us." Given enough water and encouragement, the tree thanked her by bearing fruit the following year. A white clematis, planted at its feet, has grown to the tree top, covering it in white blossoms in spring, creating a living sculpture.

Wilma Wiegmann embodies art in the best sense of the word. In her work, clarity is the uppermost principle; one could even talk about a guiding principle of inner order. It characterizes her universe of images although there is such a richness of variety coupled with a complete absence of rigidity. Notwithstanding the surprising versatility in her painting style, her choice of technique and imagery continously provides a balance. Far be it from her to copy the neo-modern painters or go all out to attract attention. She loves quiet, subtle tones and admires beauty. Yet she appreciates the powerful and expressive gesture. And at all times she will be guided by artistic discipline.

Whoever enters her house, even on working days, will soon be caught up in a festive mood. The phrase, "Feast for your eyes", formulated at the beginning of modern art, may come to mind, or the French Impressionists, or Matisse whom Wilma Wiegmann admires greatly. She challenges herself and her public "to unbutton their eyes".

Her paintings are alive with light. It cascades gently across her flower paintigs. Storms of light crown her daring cityscapes, opening visual dimensions of space without tormenting the viewer, illuminating gigantic architectural structures and endowing them with a peaceful aura. There is always a sense of optimism even in the face of turbulence. You may lose your way in this labyrinth of civilization but you will not lose yourself. Ariadne's thread will always guide you back to your origins.

Her portraits of the megalopolis of the American East Coast in particular are filled with dazzling displays of light. "Bright Hall", the title of one of her New York paintings from 1987, denotes a specific content. Others like "Metropolis", "Grand Central Station" or "Glass Tower" form part of a conceptual and structural totality, looking beyond the menacing attributes of this Leviathan called a Modern City. Some of her paintings seem ready to be transformed into giant glass windows. Large-scale mosaics were part of her early work and now that she is at the apex of her creativity, she is imagining glass constructions which could give life to modern church windows.

Many tasks still wait to be completed. At an age when most of her contemporaries enjoy the leisure life, this artist takes risks, confronts challenges, sets new goals. And she admits with remarkable self-confidence tempered by her sense of humor: "I am working like a world champion, my paintings keep getting bigger."

Yet she started out with small-scale works. Originally, she studied graphic arts with Professor Otto Kraft at the Bielefeld art school, located at the foot of the medieval "Sparrenburg" towers. Objective technical representation and rigid copying of given samples were alien to her. Instead she was drawn towards the spontaneous and vivid artistic expression of her ideas. Initially she tried her talent with ceramics. Tiles and mosaics in public buildings in the area around Bielefeld attest to this early phase which also included the painting of porcelain. Wilma Wiegmann wanted more.

She continued her training beyond local bounderies, for instance by studying painting in the cosmopolitan artistic environment of Vienna. Since the mid-sixties, after her husband's death, she has devoted her life to painting. It became a consuming passion.

This is still true today. The artist is an example of the modern, vital woman: while her family forms the constant core of her existence, her independent professional work has always been a crucial part of her life. Her two children and four grandchildren live in the United States. She crosses the Atlantic regulary. These journeys, part family visit and part study tour, have expanded her range of imagery to include the modern technology of the 20th century.

One of these visits yielded the cool watercolor landscapes of the Adirondacks in upstate New York. The artist likes to delve into new creative possibilities, welcoming the challenge of different techniques and materials. Watercolor continues to be a preferred medium because its fluid characteristics allow for immediacy, eliminating any slow and tedious painterly brush work. For the same reason she avoids etchings, for instance, a medium she considers too stifling for herself. Oil pastels provide a creative outlet in between times, as her many sketches from various jouneys demonstrate.

Acrylic paint is the preferred medium for her colorful images. It conveys most effectively the impression of strange deserts, silent canyons, abandoned plateaus,

52. Dreiklang, Acryl, 140 x 130 cm

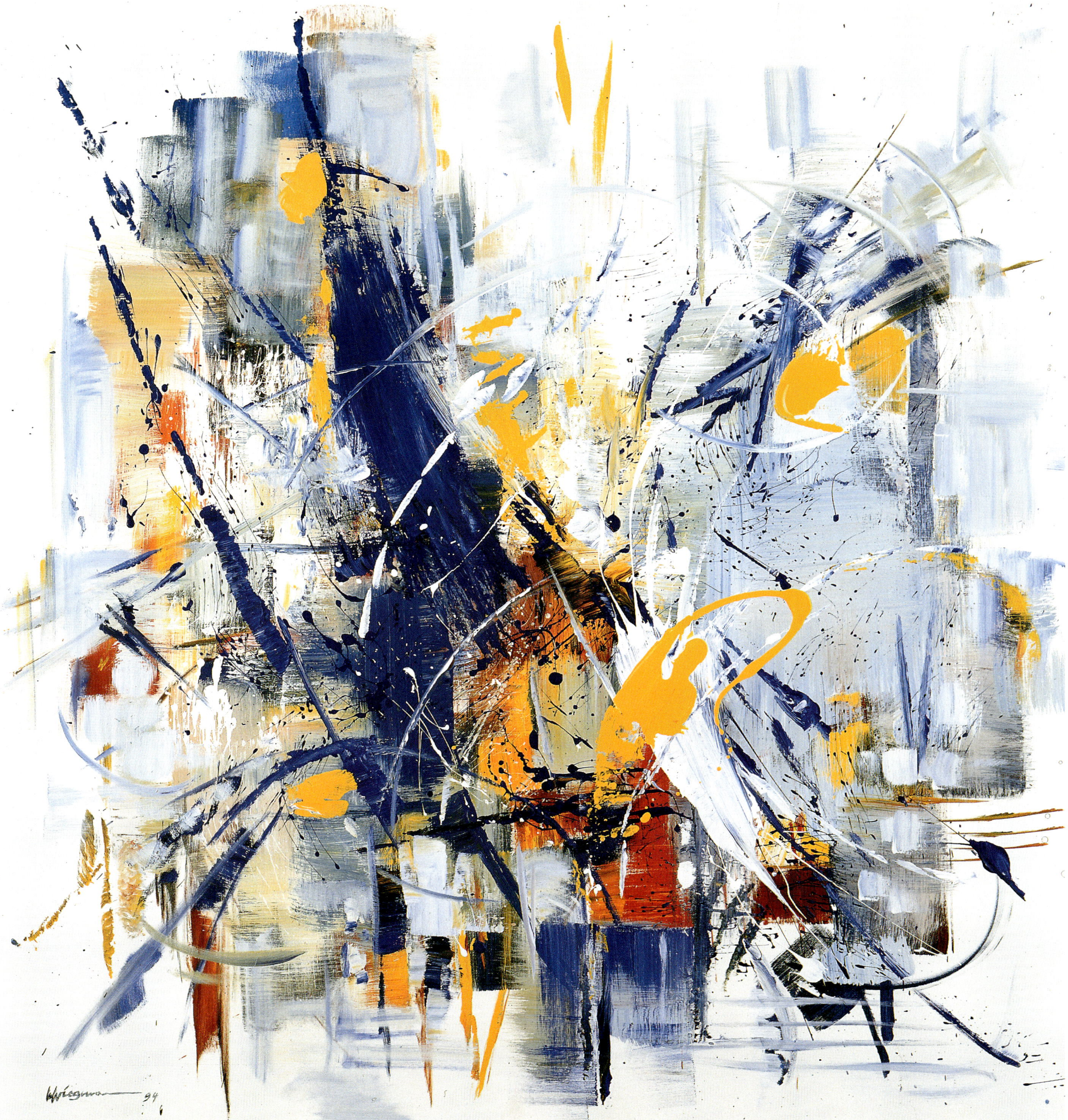

cyclopean ruins of Inca monuments, runic surfaces of the earth with its ashen contortions. Her work encompasses a world of images, booty from her many travels abroad; trips to Italy, Greece, Spain, Marocco, Egypt and Israel, to Great Britain and Scandinavia all the way up to Northern Scotland and the Lofoten, where the Occident becomes indistinct. Other journeys took her to Canada, across the United States and as far as Hawaii. She brought an impressive collection home from Central and Latin America. Especially moving are the Mexico paintings, those silhouettes of people introducing the spectator not only to an exotic place but to a world where the social burdens continue to be heavy ones.

The early morning spectacle of melancholy masks, relics of a Venetian night of revelry, the "Tedeum" and its mystery within the safe and sacred space of the dome of Paderborn, the artificial halo above masses of skyscrapers, the fiery flamenco during a fiesta in Andalusia, or the devout, naive face of a Madonna during a stately religious procession – a stage of world theatre opens up. The spectator is invitably drawn into this magical world of images.

Wilma Wiegmann's flower arrangements are a manifestation of grace. The tranquillity of a flower bed with bunches of tulip blossoms or the proud parade of blooming larkspur form a self-contained cosmos. Red and blue are preferred colors. The quick-drying acrylic paints are in tune with her artistic temperament, the medium responds to her penchant for continuous fast-paced composition, painting flows without becoming mechanical. The secret of her enchanting floral paintings: "I paint flowers with their fragrance in mind".

The composition grows out of the inspiration gained from nuances of color. The starting point is not so much one of the myriad of sketches from one of her sketchbooks but rather Wilma Wiegmann's "photographic memory". However, memory and imagination alone are not enough. A high degree of artistic discipline is required. She is not reticent about admitting to self-doubt; she challenges herself constantly, which gives her work its dynamic tension. And she admits to "butterflies" before an opening – that anxious yet helpful uncertainty whether her work lives up to her own standards.

The first patch of color on the white canvas is like a first step on a journey of discovery. Sometimes everything flows together instantly in perfect harmony. At other times her search for perfection and balance leads her to rework a painting repeatedly and it can take weeks, months or years to finish. During the actual process of painting, the inner structure emerges. Layer upon layer in a sequence of tones "everything comes to life". This approach saves her from that temptation so many artists succumb to, of copying what amounts to "the emperor's new clothes".

Versatility is the secret of her success and it seems rather grotesque that an association of artists once advised her not to appear so diverse. Probing her artistic personality, testing the limits of her abilities, all this gives momentum to her creativity and lends such manifacetted luminescence to her work.

She will not pay homage to particular style or "ism" and will not allow herself to be tied down. She rejects routine patterns and stereotypes. The spirit of the painting alone guides her. The sight of the columns of Karnak under the glistening Egyptian skies inspires her: "You are transported, forget the present". Her impressions of the Nile area, recalled in the artist's studio, assume shades of blue, black and dark red under a haze of gold. The pyramids cast shimmering shadows.

Not wanting to "rest and gather moss", is one of the guidelines in her everyday life which keeps her vigilant. As an artist she feels decades younger than her actual age. And there is nothing coy about it. She is very alert and spirited. Her conversation is challenging for any younger partner. She demands a lot of herself and expects the same in others. Her secret is a positive view of life. And then painting, again and again painting. On the stage of this life, art overcomes even real time, at least for brief periods: "Every day is a gift".

Accordingly, feeling a close proximity to nature and the splendor of its colorful gardens, she continues to paint flowers, no longer realistic renditions of flowers but their essence, revealing the innate magic unfolding in their color. For many years her work starting out with flower and landscape motifs, has moved steadily and consistently beyond realism towards abstraction which clearly marks the style of 1993, the year of her 80th birthday. Her newest florals are veritable symphonies of color, worlds removed from botany and everyday life.

For decades she has painted the colorful luminescence of blooming flowers and has found unusual perspectives in the places she visits with the specific purpose of finding new forms of abstract expression. This is true for the view of lake Starnberg and the hint of sails hoisted in the wind, recollected in tranquility and translated somewhat lyrically into a prism of color. It is equally true for a metropolitan musical motif where the musical keys appear to reach beyond the score into realms of mystery.

On the one hand the words of the theater producer in the prelude to Goethe's Faust might be applied to Wilma Wiegmann: "Whoever brings forth a great deal, will bring something for many". On the other hand she joins Goethe's restless wanderer between two worlds by daring to venture into uncharted territory: "A new day tempts us to new shores". She navigates the Terra Nova of yet unknown artistic essence, well aware of the risk such a course entails. Wilma Wiegmann's friends and admirers of her work unite in wishing that she will continue to trust that unfailing inner sense which has guided her so successfully in exploring the oracle of creation.

The vitality, the dynamic power of her landscape and flower paintings expresses that oneness and harmony of all life which is the prerequisite for true humanitarianism.

Frequently human figures are depicted facing away from the spectators, drawing them into the picture and guiding them on a path which holds the promise of future mystery as well as the memories of past burdens, suffering as well as happiness. One of many examples is "The Prophet", a large scale work from the late eighties. The prophet, possibly one of the biblical witnesses who were both "righteous and true", moves with a grand, all embracing gesture towards a crowd of people.

Her sketchbooks dealing with Manhattan, Mexican scenes, bazaars, streets and plazas all over the globe, zoom in on the human silhouette, figures and profiles captured in a crowd, among them beggars and others from the fringes of society. A sketch like "Crippled and Blind" shows an intense immediacy. A Scottish "Punk Rocker" playing bagpipes, was rescued from anonymity in 1987 by a few strokes of oil crayons. We see one human being here dealing with the reality of another human being.

Wilma Wiegmann, a member of the Bielefeld Association of Artists, has exhibited in Germany and abroad including Berlin, Bremen, Essen, Frankfurt, Bielefeld and New York which has become a second home over the many years of her creative life. Within the framework of "Art and Architecture" she was commissioned to provide art work for public buildings. Among them was a painting for the new administrative offices of Telekom in Frankfurt-Eschborn. The Bielefeld Samuelis-Baumgarte Gallery served as intermediary in this venture. "Communication" was the topic. A large scale painting with that same title was Wilma Wiegmann's contribution and she provided the following explanation in the brochure: "Tele = far, Kom = communicate. The content of these words has guided me in my work. On a 180 cm by 900 cm space, I created an abstract city. Bridges symbolically connect distant areas. The color BLUE symbolizes distance – space – of our planets. YELLOW is light. BLACK is solidity – stability – balance. The 'picture within the picture' – City at Night – becomes apparent only under a special black light."

Wilma Wiegmann's artistic universe radiates a sense of harmony, peace and freedom which comes from her innermost depths. Naturally, this artist knows about the destructive forces in 20th century reality, knows about its pent-up aggressiveness. She is aware of those countless nuclear time bombs ticking away in the heads of her contemporaries who have locked up their hearts and minds in some remote vault. Her answer is a counter image: the rejection of all provocation, no flirtation with demons, no dance on the edge of the volcano.

She has an enduring faith in human nature. Her reason: "People are a source of tremendous joy. Embellishing reality is certainly not a good thing, but I can depict reality without getting into an orgy of anxiety". She holds firm to her conviction: "If we all followed the ten commandments, we would all live in harmony with the world around us".

53. Geschwister beim Spiel, Kreide, 30 x 30 cm

In an era where the assumption that everything is art, has expanded the concept of art while restricting the concept of quality, Wilma Wiegmann remains true to her nature and artistic style. She represents a utopian art where esthetics justify life and give it meaning.
With that expansive, bold gesture which is so uniquely hers, Wilma Wiegmann once said: "My aspiration: Always new topics – new forms – new substance – a positive attitude towards life – no naivete about beauty. Knowledge and wisdom are first and foremost. We must safeguard our world – that is a mandate".

She gives meaning to the world within the impressive framework of her paintings.

Martin Bodenstein

Impressum

© Copyright by
Verlag Hans-Peter Kock
Postfach 101710, 33517 Bielefeld
Text: Martin Bodenstein
Übersetzung ins Englische: Elisabeth Dedring
Layout: Kurt Mahler
Fotos: Brigitte Wegner, Kurt Mahler
Reproduktionen: Mittelberg & Walkenhorst, Halle/Westf.
Druck: E. Strothmann, Bielefeld
Verarbeitung: B. Gehring, Bielefeld
ISBN 3-921991-18-8